Sie glauben, die schönsten
Bauwerke gibt es schon?
Wir überraschen Sie gerne
mit unseren Ideen!

Beraten, planen und realisieren sind die drei tragenden Säulen unseres Geschäfts.

Die individuelle und marktorientierte Beratung steht am Anfang unserer Zusammenarbeit. Im persönlichen Dialog analysieren unsere Mitarbeiter die Möglichkeiten zur Gestaltung Ihres Firmenauftritts. Sie stellen maßgeschneiderte Lösungen vor und erarbeiten die Kostenplanung. So kann mac sein Leistungsspektrum gezielt auf Ihre Vorstellungen ausrichten und gemeinsam schaffen wir die Basis für die effektive Planung des Messeerfolges.

Kontakt:
mac messe- uns ausstellungscenter Service GmbH
An den Nahewiesen, 55450 Langenlonsheim
Telefon: +49 6704 919-0

mac die ®

Stefan Luppold (Hrsg.)

STAKEHOLDER IM FOKUS
MANAGEMENT-ANSÄTZE FÜR MESSEVERANSTALTER

2., überarbeitete Auflage

Stefan Luppold (Hrsg.)

STAKEHOLDER IM FOKUS

MANAGEMENT-ANSÄTZE FÜR MESSEVERANSTALTER

WFA MEDIEN VERLAG

Bibliografische Information der Deutschen Nationalbibliothek
Die Deutsche Nationalbibliothek verzeichnet diese Publikation in der Deutschen Nationalbibliografie; detaillierte bibliografische Daten sind im Internet über http://dnb.dnb.de abrufbar.

2., überarbeitete Auflage 2017:

ISBN Paperback: 978-3-946589-09-9
ISBN Hardcover: 978-3-946589-10-5
ISBN E-Book: 978-3-946589-11-2

© WFA Medien Verlag, Stuttgart
WFA Medien Verlag | Patrick Haag, Uhlandstr. 65, 71299 Wimsheim

www.wfa-medien-verlag.de

Vorwort des Herausgebers

Vorwort zur zweiten Auflage

Als „Stakeholder im Fokus" im Jahr 2014 erschien war dies auch eine positive Rückmeldung an den FAMA (Fachverband Messen und Ausstellungen e.V.), der mit seinem dem akademischen Nachwuchs gewidmeten „Messe-Impuls-Preis" zugleich Vorbild und Vorreiter wurde. Die Preisträger lieferten durch ihre ausgezeichneten Abschlussarbeiten hochwertige Beiträge für diesen ersten Band der „Studienreihe Messemanagement". Neben der wertvollen Anerkennung seitens des FAMA wurde so das Ausgezeichnete allen Interessierten zugänglich gemacht.

Inzwischen wurde ein zweiter Band, mit dem Titel „Innovation und Change" publiziert. Er offeriert ebenfalls Management-Ansätze für Messeveranstalter – von Business Development über das Vorgehensmodell Scrum bis hin zu ganzheitlich-nachhaltigen Messekonzepten. Innovation und Change beschäftigen ebenso mich in meiner Rolle als Herausgeber: mit Hilfe des WFA Medien Verlags konnte ich nun zusätzlich zur klassischen Print- auch eine E-Book-Ausgabe vorstellen.

Gleichzeitig zeigte sich in Gesprächen mit Messe-Experten, mit Studenten, mit Kollegen anderer Hochschulen und mit der Fachpresse, dass die Beiträge des ersten Bandes aktueller denn je sind und daher ebenfalls sowohl gedruckt wie auch digital lieferbar sein sollten. Dies führte zu dieser zweiten Auflage.

Sie werden feststellen, dass alle sechs Beiträge nach wie vor, wenn nicht noch ausgeprägter als im Jahr 2014, relevant sind. Daher haben die Autoren lediglich ihre Vita aktualisiert, die Inhalte aber belassen. Dies mag im einen oder anderen Fall dazu führen, dass ein Literaturhinweis nicht auf die neuste Ausgabe einer Quelle verweist, was jedoch der Qualität der Ausführungen und dem Zweck – Ihnen Inspiration, Anregung und Handlungsempfehlung zu geben – nicht schadet.

Prof. Stefan Luppold
IMKEM Institut für Messe-, Kongress- und Eventmanagement

Vorwort zur ersten Auflage

Über die Bedeutung der Messewirtschaft, insbesondere aus der Perspektive unserer nationalen Ökonomie, muss nicht diskutiert werden. Dafür umso mehr über die Anstrengungen, unsere Pole-Position zu halten, an der Spitze zu bleiben, den zukünftigen Veränderungen und Herausforderungen vorbereitet zu begegnen. Dazu tragen wir an den Hochschulen auch mit kleineren wissenschaftlichen Projekten, etwa im Rahmen von Seminar-, Bachelor- oder Masterarbeiten, bei.

Der Studiengang „BWL – Messe-, Kongress- und Eventmanagement" an der DHBW (Duale Hochschule Baden-Württemberg) Ravensburg ist dabei Vorreiter. Dies liegt einerseits am Konzept, an der Konstruktion des Studiums: Studenten entwickeln sich im Spannungsverhältnis von Theorie und Praxis, erkennen die Bedeutung von Modellen und Instrumenten wie auch deren Grenzen im beruflichen Alltag. Andererseits spielen uns unsere dualen Partner, darunter viele Messegesellschaften und Messeveranstalter, ihre relevanten Problemstellungen zu; wir wissen also recht umfänglich, was die Branche bewegt, wo es Erkenntnisbedarf gibt und welche Felder wir im Kontext unserer Lehre besonders betonen müssen.

Über den Begriff „Stakeholder" sprechen wir bereits im ersten Semester mit unseren Studenten; dies unterstreicht die Bedeutung von Anspruchsgruppen für die Messe-, Kongress- und Eventwirtschaft. Daneben macht es den angehenden Akademikern deutlich, dass eine singuläre Ausrichtung auf die Absatzmärkte nicht genügt, um sich langfristig erfolgreich zu positionieren. Der Blick muss sich, im Sinne eines qualifizierten Perspektivenwechsels, auf alle am Wertschöpfungsprozess beteiligte Personen und Institutionen richten.

Mit dem vorliegenden ersten Band der „Studienreihe Messemanagement" gelingt es, die hervorragenden Abschlussprojekte von sechs jungen Akademikern als aktuelle Ergebnis-Dokumentation all denen zur Verfügung zu stellen, die sich mit internen und externen Herausforderungen in der Messewirtschaft beschäftigen. Selbstverständlich können die Beiträge als Orientierung für eigene Problemlösungsstrategien oder zur Unterstützung bei vergleichbaren Vorhaben herangezogen werden. Sie sollen jedoch auch konzeptionelle Hilfestellung geben – etwa im Hinblick darauf, wie man Fragen und Probleme aufgreift und in konsistenter Art und Weise auf Antworten hin arbeitet.

Besonders bedanken möchte ich mich bei den sechs Autoren, die aus recht umfänglichen Abschlussarbeiten vollwertige Kurzfassungen erstellt haben. Dieses Destillat gibt uns auch Hinweise auf weiterführende Literatur.

Mein Dank gilt ebenfalls dem FAMA Fachverband Messen und Ausstellungen. Durch den im Jahr 2013 zum ersten Mal ausgelobten „Messe- Impuls-Preis" entstand die Idee, die exzellenten Einreichungen einem größeren Kreis zugänglich zu machen – was, in Form dieser Publikation, nun umgesetzt werden konnte. Vorstand und Geschäftsführung zeigen sich damit, einmal mehr, als dem Branchen-Nachwuchs verpflichtet!

Und schließlich ein Dankeschön an Frau Theresia Dressel und Frau Sabrina Langer für die Unterstützung bei Organisation und Lektorat.

Prof. Stefan Luppold
IMKEM Institut für Messe-, Kongress- und Eventmanagement

Vorwort

Messen sind für ausstellende Unternehmen nach wie vor ein unverzichtbares Instrument im Marketing-Mix, daran hat sich nichts geändert. Doch die Anforderungen und Erwartungen an eine Messe sind einem stetigen Wandel unterzogen. Als Herausforderungen sind hier beispielsweise der zunehmende Erlebnischarakter von Messen oder die Integration der Digitalen Medien zu nennen.

Damit wir auch weiterhin allen Akteuren - also Stakeholdern – gerecht werden können, müssen wir uns als Messebauer täglich den Veränderungen stellen, die unsere Branche mit sich bringt.

Die mac messe- und ausstellungscenter Service GmbH mit Hauptsitz im rheinland-pfälzischen Langenlonsheim zählt zu den Top 3 der international tätigen Messebauunternehmen in Deutschland. Jährlich realisieren wir rund 2.700 Messeprojekte für über 600 Kunden in 40 Ländern.

Die Förderung und Ausbildung des Nachwuchses hat einen besonders hohen Stellenwert in unserem Unternehmen. So sind unter den insgesamt 400 mac-Mitarbeitern rund 50 Auszubildende. Elf Ausbildungsberufe bieten wir an unserem Hauptsitz in Langenlonsheim und unserer Niederlassung in Bad Langensalza an. Darüber hinaus sind wir seit über 15 Jahren dualer Partner der Hochschule Baden-Württemberg für den Studiengang „Messe-, Kongress- und Eventmanagement" in Ravensburg.

Diese Kooperation stellt für uns eine enorme Bereicherung dar: Die Studierenden erhalten durch die enge Verzahnung von Theorie und Praxis auf hervorragende Art und Weise umfassendes Wissen darüber, wie die Messebaubranche „tickt". Mit ihren Ideen und ihrem unvoreingenommenen Blick von außen sind sie für uns wichtige Impulsgeber. In den letzten Jahren sind unsere BA-Studierenden im Rahmen ihrer Abschlussarbeiten vielen Problemstellungen nachgegangen und haben Lösungsansätze und Verbesserungsvorschläge für unser Unternehmen erforscht, beziehungsweise entwickelt. Nach erfolgreichem Abschluss haben sie alle die Chance, ihre Ergebnisse bei uns in der Praxis weiter zu verfolgen und in unsere Abläufe zu implementieren.

Aber nicht nur für mac, sondern für die gesamte Messebaubranche sind diese Forschungen ein unschätzbarer Erkenntnisgewinn. Deshalb freuen wir uns sehr, dass seit 2013 die besten Abschlussarbeiten durch die Vergabe des „Messe-Impuls-Preises" des FAMA ihre gebührende Wertschätzung erfahren. Und noch mehr freuen wir uns, dass einige dieser Arbeiten nun schon in zweiter Auflage sowohl dem Messe-Nachwuchs, als auch den Messeverantwortlichen zugänglich gemacht werden. Die Beiträge zeigen uns, wie spannend und vielfältig unsere Branche ist und welches Potenzial in Messen steckt – auch in Zukunft!

Gernot Becker
mac messe- und ausstellungscenter Service GmbH

Inhaltsübersicht

Kurzfassungen

Messebeteiligungen kleiner und mittlerer Unternehmen:
Herausforderungen und Optimierungsmöglichkeiten
Messen und KMU passen optimal zusammen. Auf Grundlage der Befragung von rund 600 KMU werden Herausforderungen aufgezeigt, welchen sich KMU im Messekontext stellen müssen. Diesbezüglich werden Lösungsansätze und Optimierungsvorschläge für eben diese Problemstellung angesprochen und aufgezeigt, wie eine Unterstützung der ausstellenden KMU durch den jeweiligen Messeveranstalter erfolgen kann.

Grundlagen eines systematischen Beschwerdemanagements:
Eine Darstellung für Messegesellschaften und Dienstleistungsunternehmen
Enttäuschte Kunden haben verschiedene Handlungsmöglichkeiten, z. B. Abwanderung, negative Mundpropaganda oder Inaktivität, trotz Unzufriedenheit. Bestenfalls beschweren sich Kunden jedoch und verhelfen Unternehmen damit beschwerdeenthaltende Informationen für Qualitätsverbesserungen zu nutzen. Das Kapitel „Grundlagen eines systematischen Beschwerdemanagements" erläutert den Beschwerdemanagement- prozess – ein Feedback-Mechanismus für Unternehmen, der in der Messe- und Dienstleistungsbranche immer mehr an Bedeutung gewinnt.

Besuchergerichtetes Database-Marketing in der Messewirtschaft
Viele deutsche Messegesellschaften und -veranstalter erheben mittlerweile Besucherdaten. Sei es an der Registrierung vor Ort, im Online- Vorverkauf oder über Gewinnspiele. Oftmals existiert aber noch keine Besucherdatenbank, die eine Wertschöpfung aus den Daten ermöglichen würde. Welche Chancen, Potentiale aber auch Risiken birgt das besuchergerichtete Database-Marketing in der Messewirtschaft in diesem Zusammenhang?

Kostenrechnung im Messewesen
Konzipierung eines adäquaten Kostenrechnungssystems am praktischen
Beispiel

Messegesellschaften stehen hinsichtlich der Kostenrechnung vor einer diffizilen Aufgabe, was u. a. darin begründet liegt, dass es gerade im Messewesen viele divergente Situationen gibt, in denen schnelles und flexibles Handeln von den Mitarbeitern gefordert wird und in denen differenzierte Zahlen und Ergebnisse für korrekte Entscheidungen unabdingbar sind. In gleichem Maße gilt es aber auch, langfristig zu planen und schon frühzeitig das Unternehmen in die richtige Richtung zu lenken. Die Konzipierung eines adäquaten Kostenrechnungssystems, mit dem langund kurzfristige Entscheidungen getroffen werden können und welches dem Messealltag entsprechend flexibel genug ist, stellt das Kernstück des vorliegenden Beitrags dar.

Erfolgsanalyse von Kooperationen
Dargestellt am Beispiel einer Kooperation zweier Messegesellschaften

Gestiegene Anforderungen an Publikumsmessen bedingen seitens der Veranstalter modernere, zukunftsorientierte Konzepte, um weiterhin am Markt bestehen, Wettbewerbsvorteile aufbauen und dem Negativtrend entgegenwirken zu können. Ausgehend von dieser Entwicklung resultiert die Notwendigkeit, systematisch neue zukünftige Erfolgspotentiale und -profile zu identifizieren. Probates Mittel hierfür kann eine Kooperation darstellen – eine Thematik die in jüngster Zeit aktueller denn je ist. Aufgrund dessen beschäftigt sich der Beitrag „Erfolgsanalyse von Kooperationen zwischen zwei Messegesellschaften in diesem Kontext mit der Frage, welche Instrumente zur konkreten und praktischen Analyse des Kooperationserfolges existieren und welche Parameter für den Erfolg einer Kooperationen in der Messewirtschaft ausschlaggebend sind.

Blueprinting für Messegesellschaften zum systematischen Strukturieren und Optimieren des Dienstleistungsprozesses „Messe" – mit Konzentration auf den Kundentyp „Aussteller"

Messen sind sehr komplexe Dienstleistungen und erfordern ein hohes Maß an Kundenorientierung bei den Veranstaltern. Die Interaktion mit der Kundengruppe „Aussteller" ist dabei besonders intensiv. Doch was können Messegesellschaften tun, um den Ansprüchen ihrer wichtigsten Kunden gerecht zu werden? Eine geeignete Methode, Dienstleistungen kundenorientiert darzustellen, Prozesse transparenter und somit Schwachstellen an Kommunikationsschnittstellen sichtbar zu machen, ist das Blueprinting.

MESSEBETEILIGUNGEN KLEINER UND MITTLERER UNTERNEHMEN

HERAUSFORDERUNGEN UND OPTIMIERUNGSMÖGLICHKEITEN

Patrick Haag

Inhaltsverzeichnis

Abbildungsverzeichnis

I Einleitung

Live-Kommunikation spielt eine immer bedeutendere Rolle.[1] Die Ausgaben für Marketing-Events steigen im Fünfjahreszeitraum von 2010 bis 2014 um nahezu 25%.[2] Kleinere Unternehmen investieren zuletzt 45% ihres gesamten Marketing- und Kommunikationsbudgets in Messebeteiligungen,[3] während die Summe aller deutschen Unternehmen in 2012 rund 15,2 Mrd. Euro für eben dieses Kommunikationsinstrument ausgibt.[4] Mit durchschnittlichen Aufwendungen von 24.300 Euro pro Messebeteiligung präsentiert sich jedes fünfte deutsche Unternehmen auf Messen oder Ausstellungen,[5] wobei deren durchschnittliches Messebudget für die Jahre 2013 und 2014 365.400 Euro beträgt.[6] Neben Messen und Ausstellungen kommt auch anderen Veranstaltungen und Veranstaltungsarten eine hohe Bedeutung zu. Während im Jahr 2011 auf 2,72 Mio. deutschen Veranstaltungen rund 338 Mio. Teilnehmer gezählt werden, verfügen Veranstalter in 2012 über 40% mehr Budget.[7] Somit kann für Instrumente der Live-Kommunikation im Allgemeinen, sowie für Messebeteiligungen im Speziellen, festgehalten werden: „Ein echter Dialog zwischen Menschen behält auch in Zeiten von Online- und Social-Media-Instrumenten [...] seine Bedeutung."[8]

In der diesem Beitrag zu Grunde liegenden Befragung antworteten 64,15% der befragten kleinen und mittleren Unternehmen (KMU) aus dem Wirtschaftsraum Karlsruhe, im Zweijahreszeitraum auf mindestens einer Messe als Aussteller teilgenommen zu haben, wobei über ein Fünftel aller Befragten auf fünf oder mehr Messen vertreten waren.[9] Auf dem Weg die Messeziele zu erreichen, stellen fehlendes Know-how bei der Vorbereitung, Organisation und Nachbereitung des Messeauftritts für viele Unternehmen eine große Hürde dar. Dies ist u. a. auch

---

1   Vgl. Cheng (2006), S. 10.
2   Vgl. FAMAB (2012), S. 2.
3   Vgl. AUMA (2013), S. 15 f.
4   Vgl. Deutsche Post (2013), S. 3.
5   Vgl. Deutsche Post (2013), S. 13.
6   Vgl. Appel (2013), S. 8.
7   Vgl. Rosenberger (2013), S. 2.
8   AUMA (2013), S. 19.
9   Vgl. Haag (2012), S. 19 ff.

einer der Gründe für die Nichtteilnahme einiger KMU als Aussteller an Messen. Unternehmen die an keiner Messe als Aussteller teilnehmen, geben als wichtigste Gründe ein schlechtes Kosten-Nutzen-Verhältnis, das Fehlen von finanziellen und personellen Ressourcen und den nicht messbaren Erfolg an. Ausstellende KMU sehen die größten Probleme einer Messeteilnahme beim Standpersonal, mangelnder Organisation und bei Kosten, die die Kalkulation übersteigen.[10]

Einige der aufgeführten Probleme lassen sich durch Know-how beseitigen. Finanzielle und personelle Ressourcen können effektiver eingesetzt werden, Methoden zur Auswertung von Messeteilnahmen geben Auskunft über deren Erfolg, Schulungen können die Qualität des Standpersonals steigern und durch gezielte und professionelle Vor- und Nachbereitung können kalkulationsübersteigende Kosten auf ein Minimum reduziert oder gar komplett vermieden werden.

Doch wie kann solches Know-how an die Messeverantwortlichen herangetragen werden? Welche Angebote müssen geschaffen werden, um Verantwortlichen und deren Unternehmen, die meist keine marketingoder gar messespezifische Ausbildung haben, zum Messeerfolg zu verhelfen?

1.1   Zielsetzung

Ziel dieses Beitrag ist es, die angesprochenen Fragen zu beantworten und somit ein adäquates Angebot an Veranstaltungen wie Lehrgängen, Schulungen, Workshops oder Best-Practices zu etablieren, welches für die Unternehmen ein Werkzeug zur Optimierung ihrer Messeteilnahme darstellt. Es wird evaluiert, welche Maßnahmen ergriffen werden müssen, um Unternehmen, die zur Zeit an keiner Messe teilnehmen, zu einer Messeteilnahme zu bewegen und diese optimal darauf vorzubereiten. Außerdem wird erhoben, welches Angebot geschaffen werden muss, um den Messeerfolg der teilnehmenden Unternehmen zu steigern oder zu maximieren.

Die durch diesen Beitrag gewonnenen Einsichten und Erkenntnisse werden den Unternehmen sowie Messeveranstaltern zur Verfügung gestellt. So können Schwachstellen in den Messeaktivitäten von KMU identifiziert und mit optimal gewählten Mitteln minimiert oder beseitigt werden.

---

10   Vgl. Haag (2012), S. 28 ff.

1.2 Erkenntnisinteresse

Messen und Ausstellungen sind sowohl für Unternehmen, die als Aussteller tätig werden, als auch für Besucher von erheblichem Interesse.[11] KMU sind vielerorts die Basis für die gesamte Wirtschaft[12] und verfolgen meist das strategische Ziel des Wachstums, um so das Unternehmen voranzutreiben. Gerade hier kommen Marketing- und Kommunikationsmaßnahmen, v. a. aber auch Messen und Ausstellungen eine große Bedeutung zu.

Unter Betrachtung der oben angeführten Argumente stellt sich die Frage, ob KMU Messen und Ausstellungen als Marketing- und Kommunikationsinstrument bereits optimal einsetzen oder überhaupt einsetzen können. Messen zählen zu den bedeutendsten Instrumenten um Botschaften zu kommunizieren und Marketing zu betreiben.[13] Doch inwiefern passen diese beiden Erfolgsfaktoren, Messen und KMU, zusammen? Wie lassen sich deren Eigenschaften verbinden und durch Interaktion neue Synergien generieren? Wo bestehen Probleme bei den Messeauftritten der Unternehmen?

An diese Fragestellung anschließend liegen diesem Beitrag folgende Hypothesen zu Grunde. Diese werden im Laufe des Beitrags verifiziert oder falsifiziert.

Hypothese I: **Vollumfängliche Nutzung von Messen**

KMU nutzen Messen und Ausstellungen nicht in vollem Umfang. Aus diversen Gründen nehmen sie nicht an allen Messen teil und nutzen nicht alle Ausstellungen, die für sie in Frage kommen.

Hypothese II: **Nutzung der Potentiale von Messen**

Kleine und mittlere Unternehmen können Potentiale von Messeteilnahmen nicht richtig nutzen. Bei der Anwendung und Verwendung des Instruments Messe bestehen große Defizite.

---

11 Vgl. Kirchgeorg et al. (2003), S. 303.
12 Vgl. Guttropf (2006), S. 11.
13 Vgl. AUMA (2010), S. 19.

Hypothese III: Ressourcenknappheit und fehlendes Know-how

Ein Hauptgrund für die nicht optimale Nutzung von Messen als Marketin-
gund Kommunikationsinstrument ist in finanzieller und personeller Ressourcenknappheit zu sehen. Ein weiterer Aspekt für suboptimale oder gar nicht stattfindende Messeteilnahmen ist fehlendes Messe-Know-how. KMU verfügen über
Stärken in ihrem eigenen Geschäftsfeld, jedoch nicht zwangsläufig im Marke-
ting-, Kommunikations- und Messebereich.

1.3 Aufbau und Herangehensweise

Auch oder gerade in der heutigen Zeit, die nahezu unbegrenzte Möglichkeiten und Kombinationen der Kommunikation bietet, spielen Messen eine bedeutende Rolle als Marketing und Kommunikationsinstrument. Nachdem die Relevanz von Messen und Messebeteiligungen herausgestellt ist, wird auf die Bedeutung von Messen für die Wirtschaft und dort agierende KMU aufgezeigt. Auf die in diesem Rahmen dargestellte Einordnung von KMU folgt die Darlegung, wie und aus welchem Grunde KMU im Bereich ihrer Messebeteiligungen Unterstützung benötigen. In diesem Kontext werden Handlungs- und Problemfelder aufgezeigt, an denen Hilfe und Unterstützung ansetzen kann und muss. Aufgrund des Umfangs dieses Beitrags wird in diesem Zusammenhang hauptsächlich auf Sekundärdaten aus dem Projekt „Märkte durch Messen" zurückgegriffen. Während schließlich beispielhaft einige Maßnahmen zur Optimierung und Unterstützung von Seiten der Messeveranstalter aufgezeigt werden, wird weiter darauf eingegangen welcher Input von Seiten der KMU geleistet werden muss. Der Beitrag schließt mit einem Fazit ab, in welchem auf die Hypothesen Bezug genommen wird und welches die Hauptaussagen zusammenfasst.

2 Messen im Marketing- und Kommunikations-Mix

Die erste urkundlich erwähnte Messe fand im Jahr 629 n.Chr. in St. Denis im Norden von Paris statt.[14] Seither haben sich Messen und Ausstellungen zu dem heutigen Marketing- und Kommunikationsinstrument moderner Prägung entwickelt.[15] Sie sind nicht nur Kommunikations- sondern auch Marketinginstrumente. Trotz definierter Abgrenzungen und Einordnungen in der Theorie fällt eine Abgrenzung in der Praxis oft schwer und ist in einigen Fällen sogar unmöglich. Während bei großen Unternehmen und spezialisierten Agenturen zwischen Marketing und Kommunikation unterschieden wird, kann bei vielen KMU keine explizite Unterscheidung der beiden Begriffe festgestellt werden.

2.1 Kommunikation und Messen im Unternehmensmarketing

„Marketing ist so grundlegend, dass man es nicht als separate betriebliche Funktion sehen darf. Marketing umfasst das gesamte Unternehmen und zwar vom Endergebnis her betrachtet, d. h. vom Standpunkt des Kunden."[16]

Messen ermöglichen es, verschiedene Kommunikationsmaßnahmen eines Unternehmens zu verbinden.[17] So kann der persönliche Kontakt zu Kunden und diversen Stakeholdern ebenso praktiziert, wie die Unternehmensziele, -werte oder -philosophie und Botschaften aller Art kommuniziert werden. Messen und Ausstellungen können somit als ein Teil in mehreren Funktionen des Marketings gesehen werden.

Auf weitere Unterteilungen von Messen und Ausstellungen wird aus Gründen des Umfangs von diesem Beitrag bewusst verzichtet. Diese können u. a. auf den Internetseiten der Verbände AUMA (www.auma.de) nachgelesen werden.

---

14 Vgl. Kirchgeorg, u. a. 2003, S. 221.
15 Vgl. Kirchgeorg u. a. 2003, S. 221.
16 Düssel, 2006, S. 1.
17 Vgl. Großmann, 2008, S. 8.

2.2   Aktuelle Bedeutung

Mit durchschnittlichen Ausgaben von über zwölf Mrd. Euro pro Jahr, die durch Messen und Ausstellungen in Deutschland getätigt werden, nimmt das Messewesen einen nicht zu vernachlässigenden Teil in der deutschen Gesamt-wirtschaft ein. Während rund 7,8 Mrd. Euro von Ausstellern investiert werden, geben Besucher 3,8 Mrd. Euro im Rahmen von Messen aus. 0,4 Mrd. Euro Aus-gaben entstehen durch Investitionen der Messegesellschaften.[18]

Trotz der sich ständig weiterentwickelnden Möglichkeiten und der immer größer werdenden Zahl an Alternativen von Marketing- und Kommunikations-instrumenten erfreuen sich Messen und Ausstellungen noch immer sehr hoher Beliebtheit. In Verbindung mit „neuen" Kommunikationsmöglichkeiten wie medialen Mitteln und Web 2.0-Angeboten diverser Art bieten sie dem Kunden die Möglichkeit, das Produkt auf vielfältige Art kennenzulernen und zu erleben. Durch Messen und Ausstellungen kann „[...] innerhalb weniger Tage eine hohe Konzentration von Angebot und Nachfrage und damit eine Kommunikations-dichte und Informationsqualität [erreicht werden], wie es anderen Instrumenten des Kommunikations- Mixes kaum zu eigen ist."[19]

18   Vgl. AUMA (2011),S. 5; Institut der deutschen Messewirtschaft 2009, S. 26.
19   Meffert (2000), S. 742.

3   Wirtschaft und Messen

Nicht nur, aber auch durch die hohen Ausgaben der Unternehmen für Messeteilnahmen, kann ein enger Zusammenhang zwischen der Wirtschaft und der Messelandschaft sowie deren Teilnehmern gesehen werden. Innovationen, neue Produkte und Dienstleistungen müssen genauso kommuniziert werden wie Werbe- und Marketingbotschaften. Mit dem Messeauftritt als eines der bedeutendsten Kommunikations- und Marketinginstrumente kann es Unternehmen jeder Größe gelingen, sich am Markt zu positionieren und die gesetzten Ziele zu erreichen.

3.1   Kleine und mittlere Unternehmen

„Kleinstunternehmen sowie kleine und mittlere Unternehmen sind der Motor der europäischen Wirtschaft."[20] In den Definitionen der Europäischen Kommission vom 01.01.2005 sind drei Faktoren zur Definition von kleinen und mittleren Unternehmen ausschlaggebend. So werden KMU anhand von Mitarbeiterzahl und Bilanzsumme oder Jahresumsatz definiert. Während die Schwellenwerte für die Mitarbeiterzahl bei der Einordnung unbedingt zu beachten sind, ist es dem Unternehmen freigestellt, selbst zu entscheiden, ob der Wert der Bilanzsumme oder des Jahresumsatzes zur Einordnung herangezogen wird.[21] Bei Kleinst-, kleinen und mittleren Unternehmen muss zudem die Eigenständigkeit, also eine Unabhängigkeit von anderen Unternehmen, erfüllt sein.[22] Im Rahmen von dieses Beitrags werden Kleinstunternehmen zu den KMU gezählt, was zu einer Definition von KMU als Unternehmen mit maximal 249 Mitarbeitern und einem maximalen Jahresumsatz von 50 Mio. Euro oder einer Bilanzsumme von höchstens 43 Mio. Euro führt.

---

20   Europäische Kommission (2006), S. 3.
21   Vgl. Europäische Kommission (2006), S. 13.
22   Europäische Kommission (2006), S. 16.

3.2 Unterstützung von KMU

Die aufgezeigten Eigenschaften von KMU in Verbindung mit deren Ressourcen, Know-how und Erfahrungen erfordern in verschiedenen Fällen eine Unterstützung und Förderung dieser Unternehmen. Während diese Unterstützung einerseits aus den Reihen von Wirtschaftsförderungen, Clustern, Verbänden sowie regionalen oder branchenspezifischen Einrichtungen und Institutionen kommen kann, wird nachfolgend v. a. auf die Rolle von Messeveranstaltern in diesem Kontext eingegangen. So können durch die gezielte Förderung der Wirtschaft langfristig nicht nur Unternehmen, sondern durch deren Erfolg auch die gesamtwirtschaftliche Situation des Standorts sowie der des jeweiligen Messeveranstalters optimiert werden.

Abgeleitet vom Wertschöpfungskreislauf aus der Perspektive einer Wirtschaftsförderung[23] ergibt sich nachfolgend beschriebener Kreislauf (s. Abbildung 1). Dieser mündet schließlich in einer Win-Win-Situation von der die ausstellenden Unternehmen einerseits sowie Messeveranstalter und Standort andererseits profitieren.

Angebote seitens der Messeveranstalter unterstützen KMU. Diese Unterstützung kann z. B. durch Beratungsleistungen, das Zurverfügungstellen von Kontakten, Aus- und Weiterbildungsmaßnahmen im Messebereich oder monetäre Förderung der ausstellenden KMU erfolgen. Diese Förderund Unterstützungsmaßnahmen führen einerseits zu Aufwendungen und Kosten für den Messeveranstalter, schaffen andererseits jedoch einen bedeutenden Mehrwert für die ausstellenden Unternehmen. Richtig und effizient genutzt führen diese Maßnahmen schließlich zu Erfolg auf Ausstellerseite. Eine erfolgreiche Messeteilnahme zahlt sich schlussendlich jedoch nicht nur für das ausstellende Unternehmen sondern, langfristig gesehen, auch für den Messeveranstalter aus.

---

23   Vgl. Haag (2012), S. 15

Abbildung 1: Optimierungskreislauf: Win-Win für Veranstalter und Aussteller.
Quelle: Eigene Darstellung.

So werden erfolgreiche Messeteilnehmer auf der nächsten Messe wieder aktiv sein, im besten Falle sogar mit einem größeren Stand. Weiter werden sich unterstützende Maßnahmen auch als imagefördernd für den Messeveranstalter herausstellen, sodass neue Aussteller hinzukommen. Das anfängliche Engagement und die Ausgaben im Bereich der Förderung und Unterstützung von KMU zahlen sich dementsprechend so aus, dass Qualität und Quantität der Messeteilnahmen langfristig steigen.

4 Herausforderungen und Einflussfaktoren

Um die beschriebene Win-Win-Situation durch die Unterstützung von KMU durch Messeveranstalter herbeizuführen, ist unabdingbar zu hinterfragen, auf welchen Gebieten und bei welchen Themen Schwachstellen und Defizite bestehen. Nur durch ein auf die Bedürfnisse der Aussteller angepasstes Angebot an unterstützenden Maßnahmen kann in den Kreislauf eingetreten und somit die gewünschte Optimierung für Aussteller und Veranstalter erreicht werden.

Die in diesem Kapitel dargestellten Ergebnisse basieren auf der Befragung von rund 600 KMU der Wirtschaftsregion Karlsruhe. Detaillierte Informationen zur Befragung sowie ausführliche Ergebnisse können der Studie zum Projekt „Märkte durch Messen – Optimierung und Internationalisierung am Clusterstandort Karlsruhe" entnommen werden.[24]

4.1 Nutzung von Messen

77,36% der befragten KMU waren im Zweijahreszeitraum auf weniger als fünf Messen als Aussteller vertreten, fast die Hälfte dieser Unternehmen (35,85% aller Antworten) stellte in diesem Zeitraum auf keiner Messe aus. Knapp 17% waren im Zweijahreszeitraum auf immerhin fünf bis zehn Messen vertreten, 5,66% besuchten mehr als zehn Messen als Aussteller.

Die Gründe für die Nichtteilnahme vieler Unternehmen sind v. a. zu hohe Kosten (47,37%) und der hohe organisatorische Aufwand (26,32%). Die Antwort, dass keine Innovationen oder Messeneuheiten vorhanden sind, belegte mit rund 10% den letzten Platz.

Als Hauptgründe für die Messeteilnahme sehen die befragten Unternehmen Neukundengewinnung und Kundenbindung. Bei Unternehmen, die an keiner Messe teilnehmen, sind die Steigerung des Bekanntheitsgrades und Neukundengewinnung als bedeutendste kurz- und mittelfristige Ziele angegeben.

Nicht nur, aber auch aufgrund der im AUMA Messetrend veröffentlichten Zahlen zur Bedeutung von Messen wird die Wichtigkeit im Marketing-Mix deutlich. Es verwundert daher umso mehr, dass Unternehmen, die die Steigerung ihres

---

24   Vgl. Haag (2012), S. 1 ff.

33

Bekanntheitsgrades als strategisches Ziel angeben, zu einem großen Teil nicht auf Messen vertreten sind.

In Bezug auf die Wettbewerber kann festgestellt werden, dass Unternehmen mit mehr als zehn Wettbewerbern auf mehr Messen vertreten sind als KMU mit weniger als zehn Wettbewerbern. Eine Ausnahme bildet hierbei die Antwortmöglichkeit „25 bis 50 Wettbewerber", da diese nur von vier Unternehmen angegeben wird und die Stichprobe bei diesem Argument zu klein ausfällt, um eine allgemeingültige Aussage zu treffen.

Im Zusammenhang von Umsatz und Anzahl der Messeteilnahmen wird deutlich, dass mit steigendem Umsatz der Unternehmen auch die Anzahl der Messebeteiligungen ansteigt. So nutzen KMU mit einem Umsatz von unter 2 Mio. Euro nach rechnerischem Mittelwert keine Messen, Unternehmen mit einem Jahresumsatz von 2 bis 10 Mio. Euro sind auf bis zu vier Messen vertreten, während KMU mit einem Umsatz von 10 bis 50 Mio. Euro im Durchschnitt auf fünf bis zehn Messen ausstellen.

Zusammenfassend kann festgestellt werden, dass die meisten KMU das Instrument Messe nicht vollumfänglich nutzen. Lediglich ein Fünftel der Unternehmen, die an keiner Messe teilnehmen, geben als Grund an, dass keine passende Messe für ihre Zielgruppe und Produkte vorhanden sei. Aus verschiedenen Gründen nehmen Unternehmen das Angebot von Messen und Ausstellungen, die für sie von Relevanz sein könnten, nicht in vollem Umfang wahr.

4.2 Nutzung der Potentiale von Messen

Durch die Erhebung kann ein Mittelwert berechnet werden, welcher herausstellt, dass Unternehmen durchschnittlich auf einer bis vier Messen im Zweijahreszeitraum als Aussteller vertreten sind. Doch inwieweit gelingt es den Unternehmen, die Potentiale von Messen und Ausstellungen richtig zu nutzen? Bestehen Defizite in der Anwendung des Marketing- und Kommunikationsinstruments?

Die drei am häufigsten gewählten Antworten auf die Frage nach den Schwächen, die bei Messen auftreten, die für die befragten Unternehmen in Betracht kommen, sind, dass der Kundenkreis oder die Zielgruppe nicht anwesend ist (45%) und dass die Messe bei Besuchern nicht bekannt oder attraktiv ist (je rund

30%). Diese Schwächen sind eher als allgemeine Probleme zu sehen und können von den einzelnen Unternehmen nur bedingt behoben werden.

Es fällt auf, dass KMU diese Schwächen auf Messen und Ausstellungen identifizieren, die für sie in Betracht kommen. Hier muss die Frage gestellt werden, inwieweit eine Messe oder Ausstellung, auf der der Kundenkreis und die Zielgruppe des ausstellenden Unternehmens nicht vorhanden sind, für ein Unternehmen überhaupt in Frage kommt. Da nahezu die Hälfte aller befragten Unternehmen diese Antwortoption auswählten, muss davon ausgegangen werden, dass Optimierungsbedarf nicht nur in Hinsicht auf die aufgezeigten Schwächen, sondern v. a. in Betracht auf die Auswahl von Messen und Ausstellungen bei den KMU besteht.

Diese Tendenz wird von vielen Unternehmen auch selbst erkannt. Rund 30% der befragten KMU geben an, Schwierigkeiten bei der Auswahl der Messen zu haben. Damit stellt dieser Punkt die drittgrößte Schwierigkeit in Bezug auf die Messeteilnahme der Unternehmen dar. Weitere Schwierigkeiten sind in Abbildung 2 nach Relevanz geordnet.

Schwierigkeiten	Nennung
Definieren und Erreichen der Messeziele	37,74 %
Nachbereitung	32,08 %
Auswahl der Messe	30,19 %
Organisation des Standes	20,75 %
Standpersonal	18,87 %
Messemarketing	16,98 %
Informationsmaterial (Prospekte, Flyer, Einladungen, etc.)	11,32 %
Anmeldung/ Kontakt zur Messe	7,55 %
Sprachen/ Internationalität der Messe und Besucher	1,89 %

Abbildung 2: Schwierigkeiten bei Messebeteiligungen.

Während die zielgerichtete Durchführung der Messe kaum Schwierigkeiten verursacht, treten Schwierigkeiten beim Definieren der Ziele und v. a. beim Erreichen der gesetzten Messeziele auf. 45% stufen die Zielsetzung als schwierig ein, sogar 60% das Erreichen dieser Ziele.

In der Nachbereitung der Messe liegt die Hauptschwierigkeit mit über 70% bei der Erfolgsmessung der Messeaktivitäten. Bei der Auswahl der Messe kommen v. a. allgemeine Schwierigkeiten auf, während die Entscheidung zwischen verschiedenen Messen oder Standorten eine untergeordnete Rolle spielt.

Wie bei der Auswahl der passenden Messe können auch die Schwierigkeiten bei der Organisation des Messestandes nicht konkretisiert werden und sind eher allgemeiner Herkunft. In Bezug auf die Organisatoren der Messeauftritte kann jedoch festgestellt werden, dass ein großer Unterschied in der Quantität der auftauchenden Schwierigkeiten je nach Organisierendem auftritt. Im Vergleich zur Organisation durch die Geschäftsführung treten bei der Organisation durch die Marketingabteilung nur 58% der Schwierigkeiten auf. Bei der Organisation durch den Vertrieb oder eine Messeabteilung sind es nur 19% bzw. 16%. Während in Unternehmen mit einem Umsatz von bis zu 2 Mio. Euro in der Mehrheit der Fälle die Messeorganisation von der Geschäftsführung übernommen wird, sind bei Unternehmen mit einem Umsatz von über 2 Mio. Euro größtenteils die Marketingabteilungen für die Organisation der Messen verantwortlich. Ein einfacher Zusammenhang zwischen der Messeorganisation und den Unternehmenszielen kann nicht festgestellt werden.

Die durch die Erhebung gewonnenen Daten und Einsichten zeigen deutlich auf, dass große Defizite bei der optimalen Nutzung und Anwendung von Messen und Ausstellungen als Marketing- und Kommunikationsinstrument bestehen. Durch Schwierigkeiten bei der Umsetzung der einzelnen Aspekte eines Messeauftritts entstehen so Defizite, welche verhindern, dass alle Potentiale von Messen und Ausstellungen optimal genutzt werden.

4.3 Ressourcenknappheit und fehlendes Know-how

Während nur 7,5% der Unternehmen eine eigene Messeabteilung besitzen, wird die Organisation in immerhin rund einem Viertel der KMU von der Marketingabteilung übernommen. In fast 55% der Unternehmen obliegt die Organisation dem Vertrieb oder der Geschäftsführung. Der hohe Anteil an Messen, die vom Vertrieb oder von der Geschäftsführung organisiert werden, deren Kompetenzen in Vertriebs- oder Geschäftsführungsaktivitäten liegen sollten, lässt auf fehlende personelle Ressourcen schließen. Das Fehlen von entsprechenden Funktionen in den Unternehmen kann einerseits an fehlenden finanziellen Mitteln liegen, andererseits zu einer suboptimalen Nutzung von Messen führen. An Personen und Funktionen, die die Messeorganisation nur neben dem Tagesgeschäft und ihren eigentlichen Aufgaben erledigen, kann nicht der Anspruch gestellt werden, immer auf dem aktuellen Stand der sich ständig weiterentwickelnden Messewirtschaft zu sein und ein Know-how zu besitzen, wie es von Personen erwartet werden kann, die auf eine messe- oder marketingspezifische Ausbildung oder umfangreiche Erfahrungen in diesem Bereich zurückgreifen können.

Mit Bezug auf die Organisation von Messen und Ausstellungen in KMU kann Abbildung 3 entwickelt werden. Diese zeigt den Zusammenhang von fehlenden finanziellen und personellen Ressourcen sowie dem daraus resultierenden Endergebnis auf.

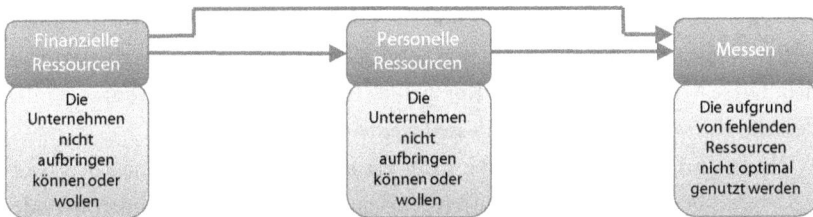

Abbildung 3: Fehlende Ressourcen bei Messebeteiligungen.
Quelle: In Anlehnung an Haag 2012, S. 35.

Neben Ressourcen die tatsächlich nicht aufgebracht werden können, stehen auch Ressourcen, die nicht aufgebracht werden wollen. „In unserem Unternehmen werden Messen und Ausstellungen vom Vertrieb organisiert. Der ist ohnehin da, so können zusätzliche Kosten vermieden werden"(Aussage eines Unternehmers, der im Rahmen des Projekts befragt wurde).[25] Ein solches Verhalten von Unternehmern kann schnell zu einem doppelten Manko für das Unternehmen führen. Während einerseits die tatsächlichen Aufgaben des Vertriebs vernachlässigt

---

25   Vgl. Haag (2012), S. 35.

werden, können Messeauftritte aufgrund von fehlendem Know-how nicht optimal verlaufen.

Immerhin rund 38% der Unternehmen kaufen sich Messe-Know-how ein oder zu. Sie lassen ihre Messen und Ausstellungen komplett oder teilweise von spezialisierten Messe- oder Eventagenturen organisieren und durchführen.

Ein weiterer Aspekt für fehlendes Know-how muss im Ausstellen auf Messen, auf denen die Zielgruppe nicht vertreten ist, gesehen werden. Auch große Schwierigkeiten beim Definieren und Erreichen der Messeziele, bei der Nachbereitung und Auswahl der Messe sowie bei der Organisation des Standes unterstreichen das Fehlen von Fachwissen.

Beim Standpersonal können die Probleme an zwei hauptsächlichen Punkten festgemacht werden. Einerseits stellt nicht ausreichend für Messen und die dortigen Aufgaben qualifiziertes Personal eine Herausforderung dar, andererseits ist es die Verfügbarkeit des Personals. Im Vergleich zur Quantität des Personals kann die Qualität in Bezug auf Messen und die dort auftretenden Aufgabestellungen relativ einfach durch Schulungen und vergleichbare Maßnahmen verbessert werden. Diese Maßnahmen bringen Kompetenz in die Unternehmen, sodass zumindest die Knowhow-Lücken geschlossen werden können.

Ob durch finanzielle Mittel, die nicht eingebracht werden können oder wollen, durch Personal, das nicht ausreichend qualifiziert oder vorhanden ist, oder durch fehlendes Know-how im Messegeschäft, besteht bei vielen Unternehmen Optimierungsbedarf und -potential. Dies wird durch die beiden meistgenannten Gründe zur Nichtteilnahme an Messen, den zu hohen Kosten und dem zu großen organisatorischen Aufwand, bestätigt.

5 Maßnahmen zur Optimierung und Unterstützung

Während finanzielle und personelle Herausforderungen bei den Unternehmen nur auf lange Sicht und mit verhältnismäßig großem Aufwand behoben werden können, ist das Schließen von Know-how-Lücken vergleichsweise einfach und schnell möglich. Neben der Vorstellung verschiedener Möglichkeiten zur Optimierung der Messeaktivitäten der Unternehmen wird nachfolgend v. a. die Frage der Zuständigkeit für die Optimierungsmaßnahmen geklärt. Wie können Probleme gelöst werden und wer bringt welchen Teil zum Gelingen der Optimierungsmaßnahmen ein?

5.1 Aktivitäten der Unternehmen

Der erste und einer der wichtigsten Schritte zur Optimierung der eigenen Messeaktivitäten ist das Ergreifen der Initiative. Um den Prozess der Messeoptimierung mit zu gestalten, muss jedes Unternehmen aktiv daran teilnehmen. Diese Teilnahme umfasst u. a. die Bereitschaft zum Dialog mit den Messeveranstaltern und v. a. den Willen, angebotene Unterstützung ernst und wahrzunehmen. Das eigene und ernsthafte Interesse an der Optimierung der eigenen Messeaktivitäten setzt zwei grundlegende Dinge voraus: Einerseits das Investieren von Zeit, andererseits das Erkennen, dass bei den eigenen Messeaktivitäten Optimierungsbedarf bestehen kann oder tatsächlich besteht. Nur ein Unternehmen, welches sich bewusst ist, dass etwas getan werden muss, wird schließlich die Initiative ergreifen. V. a. in Betracht auf die hohe Zahl der Geschäftsführer und verantwortlichen Personen, die bei der Planung der Messeaktivitäten gerade in KMU zu einem großen Teil involviert sind, ist zu befürchten, dass eigene Schwächen nicht erkannt, ignoriert oder überspielt werden könnten.

5.2 Aktivitäten der Messeveranstalter

In Bezug auf das beschriebene Erkennen-Wollen und Erkennen von Schwachstellen im Messegeschehen kommt Messeveranstaltern die Aufgabe zu, potenziellen Ausstellern in entsprechender und angemessener Form auf Defizite und Optimierungsmöglichkeiten aufmerksam zu machen. Sinn und Zweck der Messeveranstaltung mit Fokus auf die Optimierungsmaßnahmen ist es, den Erfolg der Aussteller zu forcieren. Insbesondere die Verbindung der Potentiale von Messen mit den Zielen der KMU kann sich als erfolgversprechend für beide, die Messeveranstalter und die Messeaussteller, erweisen. Unternehmen erreichen durch den optimalen Einsatz von Messen ihre Ziele, was zu einer wiederholten und in einigen Fällen sogar umfangreichen Messeteilnahme führt und somit der Zielsetzung der Messeveranstalter entspricht.

Gerade in Bezug auf die Optimierung der Messeaktivitäten ergeben sich Möglichkeiten durch die Messeveranstalter, welche für einzelne Unternehmen nicht realisierbar sind. Maßnahmen können durch die Veranstalter koordiniert und kommuniziert werden, sodass eine Vielzahl von Unternehmen daran beteiligt sein und profitieren können. Messeveranstalter können also als Bindeglied zwischen verschiedenen Unternehmen, Dienstleistern und Dienstleistungen gesehen werden und durch verschiedene Aktivitäten einen Mehrwert für alle Stakeholder generieren, der nur im gemeinsamen Zusammenwirken zu erreichen ist.

5.3 Konkrete Maßnahmen

Für unterschiedliche Aufgaben- und Problemstellungen eignen sich diverse Instrumente und Maßnahmen in unterschiedlichem Maße. Eine konkrete Zuordnung und Auswahl verschiedener Förder-, Optimierungs- und Unterstützungsmaßnahmen muss fallspezifisch, in Abhängigkeit und im Kontext der jeweils vorherrschenden Situation, und v. a. unter enger Absprache und Zusammenarbeit des jeweiligen Messeveranstalters mit dessen Ausstellern erfolgen. Nur durch direkte Kommunikation können potenzielle Schwachstellen ausgemacht und ein entsprechendes Angebot etabliert werden.

Anhand des durch die Befragung aufgezeigten Bedarfs wird nachfolgend auf verschiedene Themenfelder eingegangen. Kontextunabhängig wird beispielhaft aufgezeigt, durch welches Angebot die jeweilige Frage- oder Problemstellung bearbeitet werden kann. Hierbei versteht es sich von selbst, dass es sich an dieser Stelle nur um eine allgemeine und sehr begrenzte Darstellung handelt, welche in erster Linie Anstoß zur Eigeninitiative sein soll und auf die entsprechende Situation angepasst und erweitert werden muss.

Auswahl der Messe

Eine weitere Schwierigkeit sehen KMU bei der Auswahl der Messe und auch in 4.2 aufgezeigte Probleme resultieren zu einem großen Teil aus Fehlern bei der Wahl der passenden Messe. Bei der Auswahl der Messen kann auf mehrere standardisierte Verfahren zurückgegriffen werden, deren Anwendung unternehmens- und branchenübergreifend möglich ist.

In Workshops werden diese Verfahren und Techniken an die Unternehmen herangetragen. Die Praxisnähe durch Fallbeispiele, Best-Practices und Aufgabenstellungen, die bearbeitet werden müssen, bereiten die Unternehmen unter professioneller Anleitung somit optimal auf die Auswahl der richtigen Messe für ihr Unternehmen vor.

Definieren und Erreichen von Messezielen

Als Hauptproblem sehen KMU das Definieren und Erreichen ihrer Messeziele. Da die Ziele der verschiedenen Unternehmen u. a. auf die jeweilige Situation, das Geschäftsmodell, die Unternehmensziele, Produkte und die Messe angepasst und dementsprechend individuell sind, muss ein Tool angeboten werden, welches Impulse zum eigenständigen Lösen der Probleme gibt. Aufgrund der Individualität der KMU und deren Umfeld muss den Unternehmen vermittelt werden, wie sie Messeziele eigenständig definieren und erreichen. Eine allumfassende und für alle Unternehmen treffende Anleitung kann nicht gegeben werden.

Insbesondere durch die Möglichkeit der Kommunikation und des Austausches mit Experten eignet sich die Verwendung von Vorträgen und Präsentationen. Erfahrene Referenten vermitteln so Grundlagenwissen, aus welchem jeder Teilnehmer die für sich und sein Unternehmen passenden Impulse aufgreifen und umsetzen kann. Ein konkretes Angebot könnte in diesem Fall die Organisation eines Vortrags oder einer Präsentation zum Thema „Messeziele definieren" sein, welcher vom Messeveranstalter exklusiv für die ausstellenden Unternehmen angeboten wird.

Gemeinschaftsstände

Gemeinschaftsstände können das optimale Tool für Messeveranstalter und Unternehmen gleichermaßen sein. In Bezug auf den Input und das Ergebnis dieses Tools kann es so gestaltet werden, dass eine Win-Win- Situation für Veranstalter und Aussteller entsteht.

Der Input seitens der Veranstalter wird somit durch die Gesamtorganisation geleistet, während der Input der Unternehmen sich auf deren Teilbereich des Standes reduziert. Als Output resultieren daraus ein günstigerer und effizienterer Messeauftritt für die teilnehmenden Unternehmen und eine für den Veranstalter positive Außenwirkung in Verbindung mit der Möglichkeit, neue Aussteller auf der Messe zu platzieren.

Nachbereitung der Messe

Knapp ein Drittel der befragten Unternehmen sehen die Nachbereitung ihrer Messeaktivitäten als Schwierigkeit. Die Messenachbereitung und die damit verbundenen Aktivitäten können zwar auf verschiedene Arten erfolgen, prinzipiell ist der Ablauf jedoch geregelt und vorgegeben und entspricht einem festgelegten Muster. Auch bei verschiedenen Unternehmen mit unterschiedlichen Hintergründen können somit mehrere, aber von Grund auf ähnliche Techniken eingesetzt werden.

Zur Optimierung der Aktivitäten zur Messenachbereitung der KMU werden Workshops eingesetzt. So können Techniken und Strategien vermittelt und von den teilnehmenden Unternehmen auf verschiedene Art und Weise praxisnah erfahren und erlernt werden. Die immer ähnlichen Abläufe ermöglichen einen Workshop, der Unternehmen und Teilnehmer aus verschiedenen Branchen und mit verschiedenen Messen gleichermaßen anspricht und voranbringt.

Weitere Maßnahmen

Als weitere und die beschriebenen Tools ergänzende Maßnahmen können die Einrichtung eines Wikis sowie das Erstellen und Veröffentlichen von FAQs geschehen. Diese Angebote laufen parallel zu den Workshops, Vorträgen und Präsentationen und fassen die dort beantworteten Fragen und erarbeiteten Ergebnisse zusammen. So dienen sie einerseits als Rückblick für Unternehmen, die an den Maßnahmen teilgenommen haben, andererseits als Ergänzung für Unternehmen, die nicht alle Angebote wahrnehmen konnten.

Bei der Erstellung und Betreuung des Wikis und der FAQs wird ein hohes Maß an Ressourcen der Messeveranstalter beansprucht. Das dort gesammelte Knowhow kann jedoch als eine Art Basiswissen potentiellen oder bestehenden Kunden frei zugänglich gemacht werden und trägt somit einen Teil zur Zielerreichung der Messeveranstalter bei.

Die Maßnahmen unterstützen KMU bei deren Messeauftritten, welche einerseits ihre Ziele besser erreichen, andererseits wiederholt auf der Messe ausstellen und somit einen Return-on-Investment des Messeveranstalters herbeiführen.

6   Fazit und Ausblick

Die große Bedeutung von Messen und Ausstellungen, sowohl für die Unternehmen als auch für die Messeveranstalter macht ein optimales Auftreten der Aussteller in jeder Hinsicht unabdingbar. Dem Beheben von Problemen und Schwierigkeiten, dem Ausräumen von Unklarheiten und dem Schließen von Know-how-Lücken muss deshalb eine besonders hohe Beachtung zukommen.

KMU und Messen passen optimal zusammen. Wachstum, das Hauptziel der KMU ist eine der Stärken des Marketing- und Kommunikationsinstruments Messe. Richtig eingesetzt erzielen Messen und Ausstellungen Wachstum gerade für KMU. Für Unternehmen mit einer strategischen Ausrichtung in Richtung Expansion und Internationalisierung sind Messen ein unerlässliches Instrument dessen Anwendung effizient und bestmöglich geschehen muss.

Wie u. a. durch die Erhebung des Projekts „Märkte durch Messen - Optimierung und Internationalisierung am Clusterstandort Karlsruhe"[26] festzustellen ist, werden Messen und Ausstellungen von KMU nicht in vollem Umfang genutzt. Sie nehmen nicht an allen Messen teil und besuchen nicht alle Ausstellungen die für sie in Frage kommen. Außerdem bestehen bei den Unternehmen die als Aussteller auf Messen tätig sind große Defizite was die Anwendung und Verwendung des Instruments betrifft. So werden Potentiale, die durch die Messebeteiligung entstehen, nicht optimal und effizient genutzt. Hauptgründe sind finanzielle und personelle Ressourcen die nicht aufgebracht werden können oder wollen. Ein weiterer Grund für nicht optimale oder gar nicht stattfindende Nutzung von Messen ist fehlendes Know-how.

Das theoretisch optimale Zusammenpassen von Messen und KMU einerseits und die großen Schwierigkeiten im praktischen Zusammenwirken andererseits erfordern Maßnahmen. Nur durch ein bestmögliches Zusammenspiel und beste Interaktion können neue Potentiale entstehen.

Die in diesem Beitrag beschriebenen Angebote wie Workshops, Präsentationen, Vorträge, Wikis, FAQs und Gemeinschaftsstände dienen lediglich als Werkzeuge. Um den gewünschten Effekt zu erbringen, müssen diese Werkzeuge bestmöglich

---

26   Haag 2012, S. 1 ff.

von den Unternehmen angewandt werden. Nur durch ein Mitwirken der Unternehmen und der entsprechenden Personen im Unternehmen kann Know-how an die Verantwortlichen herangetragen werden und die geschaffenen Angebote schlussendlich zu einem Erfolg führen.

Die Umsetzung der in diesem Beitrag vorgestellten Maßnahmen führen mittel- und langfristig zu einer besseren Erreichung der Ziele und zu einer Win-Win-Situation für KMU und Messeveranstalter. Durch optimale Messeaktivitäten, unterstützt durch den Messeveranstalter, erreichen KMU die für sie relevanten Ziele professioneller und effizienter. Der so bei jedem einzelnen Unternehmen erreichte Erfolg führt schlussendlich zu einem Return-on-Investment durch eine bessere Zielerreichung auf Seiten der Messeveranstalter.

Literaturverzeichnis

Appel, C. (2013): Messen bleiben wichtig, in: m+a report – The Global Exhibition Magazine, 94. Jg., Nr. 2, S. 8.

AUMA (2013): AUMA Messetrend 2013, Berlin.

AUMA (2011): The German trade fair industry – facts, functions, outlook, Statement 12.4, Berlin.

AUMA (2010): AUMA Messetrend 2010, Berlin.

Cheng, C. S. (2006): Financial Services Marketing: Empirical evidence on the impact and effectiveness of marketing events, Diss., Bamberg.

Deutsche Post (2013): Dialogmarketing Deutschland 2013 – Dialog Marketing Monitor Studie 25, Bonn.

Europäische Kommission (2006): Die neue KMU-Definition – Benutzerhandbuch und Mustererklärung, Brüssel.

FAMAB (2012): Event-Klima 2012 – Die Entwicklung und die Trends der Live-Kommunikation, eine Expertenbefragung im Auftrag des Forum Marketing-Eventagenturen im FAMAB e.V., Rheda-Wiedenbrück.

Guttropf, W. (2006): KMU mit Pfiff – Mehr Produktivität für Kleine und Mittlere Unternehmen, Norderstedt.

Haag, P. (2012): Messen als Marketing- und Kommunikationsinstrument – Herausforderungen und Parameter bei der Nutzung von Messen für KMU, München.

Kirchgeorg, M. et al. (2003): Handbuch Messemanagement – Planung, Durchführung und Kontrolle von Messen, Kongressen und Events, Wiesbaden.

Institut der deutschen Messewirtschaft (2009): Die gesamtwirtschaftliche Bedeutung von Messen und Ausstellungen in Deutschland, Berlin.

Meffert, H. (2000): Marketing – Grundlagen marktorientierter Unternehmensführung, 9. Aufl., Wiesbaden.

Rosenberger, B. (2013): Messen bleiben auf Wachstumskurs. In: Rosenberger, B. (Hrsg.): Im Blickpunkt, Messen, Tagungen, Seminare, Events, Baden-Baden, S. 1-2.

GRUNDLAGEN EINES SYSTEMATISCHEN BESCHWERDEMANAGEMENTS

EINE DARSTELLUNG FÜR MESSEGESELLSCHAFTEN UND DIENSTLEISTUNGSUNTERNEHMEN

Elisabeth Gödde

Inhaltsverzeichnis

Abbildungsverzeichnis

1 Einleitung

Die stetige Globalisierung bewirkt veränderte Wettbewerbsbedingungen, da sowohl die Vergrößerung der Märkte als auch der damit verbundene Anstieg der Marktteilnehmer einen erhöhten Wettbewerbsdruck zur Folge haben.[1] Im Hinblick auf den verstärkten Wettbewerb ist insbesondere zu beachten, dass Kunden, die mit der Leistung oder dem Produkt eines Unternehmens unzufrieden sind, wortlos abwandern können. Andere Handlungsmöglichkeiten unzufriedener Kunden stellen eine negative Mundpropaganda oder Inaktivität trotz Unzufriedenheit dar, die eine sinkende Kundenloyalität zur Folge haben können.[2] Messegesellschaften und anderen Dienstleistungsunternehmen kommt in diesem Zusammenhang eine besondere Bedeutung zu, da die Qualität immaterieller Leistungen wesentlich vom subjektiven Empfinden der Kunden abhängt.[3] Des Weiteren sind die Kundengruppen von Messegesellschaften in der Regel äußerst heterogen, z. B. durch die Unterschiede in der Kultur, ihrer Business-Beziehung (Business-to-Business, Business-to-Consumer) und der Branchenzugehörigkeit. Messegesellschaften stehen dadurch vor der Herausforderung, unterschiedlichste Kundenbedürfnisse zu erfüllen. Da Aussteller und Besucher integraler Bestandteil einer Messe sind und der Erfolg einer Messe von dessen Zufriedenheit abhängt, wird es für Messegesellschaften immer wichtiger, gefährdete Kundenbeziehungen zu stabilisieren und Unzufriedenheit in Zufriedenheit umzukehren.[4] Voraussetzung dafür ist die Kenntnisnahme über die Missstimmung, welche durch die Artikulation von Beschwerden deutlich wird. Dabei lässt sich feststellen, dass die Quote artikulierter Unzufriedenheit vielfach bei nur 4% liegt und Unternehmen die geringe Anzahl von Beschwerden oft mit Kundenzufriedenheit gleichsetzen.[5]

---

1 Vgl. Budzinski & Kerber (2003), S. 9.
2 Vgl. Pracht (2003): S. 48; Stauss & Seidel (2007), S. 64.
3 Vgl. Barlow & Møller (2003), S. 9.
4 Vgl. Erler (2010), S. 40; Brock (2009), S. 1 f.
5 Vgl. Pfeifer (2001), S. XXVI.

Die Lösung für diese Problematik ist ein Prozess, der die Anzahl der Beschwerden durch dessen Stimulierung vermehrt und damit zahlreiche Hinweise auf mögliche Qualitätsverbesserungen und die Vermeidung von Fehlerkosten geben soll.[6] Der beschriebene Prozess einer systematischen Beschwerdebearbeitung nennt sich Beschwerdemanagement.

---

6 Vgl. Geiger & Kleinaltenkamp (2011), S. 229.

2 Theoretische Grundlagen

In dem Kapitel der theoretischen Grundlagen werden wesentliche Bestandteile des Beschwerdemanagements erläutert.

2.1 Zentrale Definitionen und Begriffsabgrenzung

Obwohl die Begriffe „Beschwerde" und „Reklamation" in der Praxis häufig synonym verwendet werden, haben sie in der wissenschaftlichen Betrachtung unterschiedliche Bedeutungen und Konsequenzen.[7]

2.1.1 Beschwerde

In der Fachliteratur bezeichnen Beschwerden die „Artikulationen von Unzufriedenheit, die gegenüber Unternehmen oder auch Drittinstitutionen mit dem Zweck geäußert werden, auf ein subjektiv als schädigend empfundenes Verhalten eines Anbieters aufmerksam zu machen, Wiedergutmachung für erlittene Beeinträchtigungen zu erreichen und/oder eine Änderung des kritisierten Verhaltens zu bewirken"[8].

In dieser verbreiteten Definition nach Seidel und Stauss wird eine Differenzierung verschiedener Beschwerdearten eingeschlossen. Demnach tritt im Fall einer Beschwerde ein subjektives Problem mit dem Marktangebot und/oder dem gesellschaftlichen Verhalten eines Unternehmens auf. Der Beschwerdeführer – die Person, die eine Beschwerde äußert – kann sowohl einen Kunden als auch andere Anspruchsgruppen darstellen. Während sich die meisten Beschwerdeführer direkt, das heißt unmittelbar gegenüber dem betroffenen Unternehmen, äußern, ist auch ein indirekter Weg über eine Drittinstitution, z. B. eine Agentur, möglich.[9] Darüber hinaus lassen sich Beschwerden in verdeckte bzw. ungeäußerte und offene bzw. geäußerte Beschwerden unterteilen. Im Fall verdeckter Beschwerden erfährt das Unternehmen nicht von der Unzufriedenheit des Betroffenen (vgl. 4.2.2 Beschwerdemanagement-Controlling). Die offenen Beschwerden kennt

---

7   Vgl. Haas & von Troschke (2007), S. 14.
8   Stauss & Seidel (2007), S. 49.
9   Vgl. Stauss & Seidel (2007), S. 49 f.

die Unternehmung hingegen, da diese direkt oder indirekt mitgeteilt werden.[10] Beschwerden können in der Vorkaufphase, Kaufphase oder Nachkaufphase entstehen.[11]

2.1.2 Reklamation

Eine Reklamation hingegen ist die Beanstandung von Produkten oder Dienstleistungen in der Nachkaufphase, bei der ein konkreter Rechtsanspruch geltend gemacht werden kann. Es handelt sich somit um die Teilmenge von Beschwerden, die mit einer rechtlichen Forderung verbunden ist und ggf. juristisch durchgesetzt werden kann.[12] In diesem Beitrag werden ausschließlich die Beschwerden thematisiert, bei denen es sich nicht um Reklamationen handelt.

2.2 Auslöser von Beschwerden

Die Anlässe einer Beschwerde können vielfältig sein, z. B. bedingt durch lange Bearbeitungszeiten oder Unfreundlichkeit des Personals.[13] Allgemein lässt sich feststellen, dass Beschwerden aufgrund von Unzufriedenheit geäußert werden, die durch eine Enttäuschung vorheriger Erwartungen entsteht. Ist die Abweichung zwischen Erwartung und Realität für den Beschwerdeführer unerheblich, betreibt er psychischen Dissonanzabbau, indem nachträglich Eingangserwartungen reduziert oder erste negative Erfahrungen in positive Eindrücke korrigiert werden. Gelingt diese Entledigung unangenehmer Gefühle nicht, ist die Beschwerde eine mögliche Handlungsweise.[14] Die Artikulation einer Beschwerde beruht demnach auf einem selbst erfahrenen negativen Erlebnis bzw. einem wahrgenommenen Missverhältnis zwischen erwarteter und erlebter Leistung.

---

10 Vgl. Gierl (2000), S. 166.
11 Vgl. Cerwinka & Schranz (2009), S. 18; Haeske (2001), S. 13.
12 Vgl. Haeske (2001), S. 11; Stauss & Seidel (2007), S. 50.
13 Vgl. Köhler (2009), S. 315.
14 Vgl. Stauss & Seidel (2007), S. 63 f.

2.3 Zentrale Begriffe und Einordnung des Beschwerdemanagements

Zum näheren Verständnis und der thematischen Einordnung des Beschwerdemanagements ins Customer Relationship Management (CRM) werden im Folgenden die Begriffe Customer Relationship Management und Beschwerdemanagement erläutert.

2.3.1 Customer Relationship Management

Der Begriff „Customer Relationship Management" bezeichnet „eine bereichsübergreifende Unternehmensstrategie, die auf den systematischen Aufbau und die Pflege dauerhafter und profitabler Kundenbeziehungen abzielt"[15]. Danach ist es als ganzheitlicher Ansatz zur Unternehmensführung zu verstehen, der die Aufgabe verfolgt, alle kundenbezogenen Prozesse im Unternehmen zu optimieren. Die Kundenbindung steht im Zentrum des CRM.[16]

2.3.2 Beschwerdemanagement

Obwohl die Diskussion über den Umgang mit Beschwerden bis in die späten 1970er Jahre nachvollzogen werden kann, liegt bisher keine einheitliche Definition des Begriffes „Beschwerdemanagement" vor.[17] Nach der Erklärung von Meffert und Bruhn ist das Beschwerdemanagement „ein Maßnahmensystem, um die Artikulation von Unzufriedenheit der Kunden anzuregen, zu bearbeiten und Aktivitäten zur Behebung der Unzufriedenheitsursachen einzuleiten"[18]. Stauss und Seidel beschreiben das Beschwerdemanagement als „die Planung, Durchführung und Kontrolle aller Maßnahmen, die ein Unternehmen im Zusammenhang mit Beschwerden ergreift"[19].

Im Beschwerdemanagement geht es alles in allem um die Sicherung und Stärkung von gefährdeten Beziehungen durch positive Erfahrungen in Problemsituationen. Die Beschwerdezufriedenheit, das heißt die Zufriedenheit des

---

15 Hubschneider (2007), S. 12.
16 Vgl. Gerdes (2010), S. 474; Fahje (2010), S. 412.
17 Vgl. Mende (2006), S. 13.
18 Meffert & Bruhn (2009), S. 211.
19 Stauss & Seidel (2007), S. 79.

Beschwerdeführers mit der Beschwerdebearbeitung und -lösung, stellt in diesem Zusammenhang den entscheidenden Faktor dar. Dies wird durch das „Beschwerdeparadoxon" bewiesen, wonach ein Beschwerdeführer, der die Qualität des Beschwerdemanagements als sehr hoch beurteilt, zufriedener ist als derjenige, der keinen Leistungsmangel wahrnehmen konnte.[20] Das Beschwerdemanagement ist Teil des Kundenbindungsmanagements und somit dem Customer Relationship Management unterzuordnen.[21]

Da in diesem Beitrag nicht nur Kunden, sondern auch andere Anspruchsgruppen wie Lieferanten oder die Öffentlichkeit als potenzielle Beschwerdeführer verstanden werden, wird ihr die thematisch weiter gefasste Definition des Beschwerdemanagements von Stauss und Seidel zugrunde gelegt.

---

20   Vgl. Bruhn (2011), S. 211; Stauss & Seidel (2007), S. 33.
21   Vgl. Stauss & Seidel (2007), S. 34.

3 Ziele des Beschwerdemanagements

Das Beschwerdemanagement verfolgt interne (mitarbeiterbezogene) Ziele sowie externe Ziele, die sich auf den Beschwerdeführer beziehen.[22]

3.1 Interne Ziele

Ein internes Ziel ist die Kundmachung des Beschwerdemanagements im Unternehmen. Dabei werden die Mitarbeiter umfassend über das Thema und Vorhaben informiert, wodurch Akzeptanz geschaffen werden soll. Die Vermittlung von fachlicher und sozialer Kompetenz sowie Motivation als weiteres internes Ziel bildet die Grundlage für den Kontakt und Umgang mit Beschwerdeführern. Darüber hinaus ist die Implementierung eines organisationsinternen Umfeldes zu nennen, das ein Beschwerdemanagement nachhaltig unterstützt.[23]

3.2 Externe Ziele

Als Hauptziele externer Ziele sind die Erhöhung von Gewinn und Wettbewerbsfähigkeit des Unternehmens durch wiederhergestellte Kundenzufriedenheit sowie die Nutzung der in Beschwerden enthaltenen Hinweise auf betriebliche Schwächen zu nennen.[24] Teilziele, die wesentlich zur Erfüllung des Globalziels beitragen, sind u. a. Qualitätsverbesserungen, die Vermeidung von Kundenabwanderungen, die Stabilisierung gefährdeter Kundenbeziehungen, die Förderung eines positiven Images, die Erkennung von Kundenbedürfnissen und Trends sowie die Nutzung von Innovations- und Marktchancen.[25] Allgemein gilt, dass die Realisierung externer Ziele nur durch die Erreichung der internen Ziele möglich ist. Die internen Ziele bilden folglich das Fundament des Beschwerdemanagements.[26]

---

22 Vgl. Schulze & Jeschke (2005), S. 175.
23 Vgl. Schulze & Jeschke (2005), S. 175.
24 Vgl. Hofbauer & Schöpfel (2009), S. 312.
25 Vgl. im Folgenden Homburg & Fürst (2003), S. 14; Stauss & Seidel (2007), S. 79; Haas & von Troschke (2007), S. 15; Detroy, Behle & vom Hofe (2007), S. 668; Stauss & Seidel (2007), S. 38.
26 Vgl. Schulze & Jeschke (2005), S. 175.

4 Aufgaben des Beschwerdemanagements

Die Erreichung der Beschwerdemanagementziele ist nur durch eine effektive Aufgabenerfüllung möglich. Diese Aufgaben sind entweder in den direkten oder in den indirekten Beschwerdemanagementprozess einzuteilen (vgl. Abbildung 1).[27] Während der direkte Prozess vom Beschwerdeführer wahrgenommen wird, ist der indirekte Beschwerdemanagementprozess lediglich mittelbar oder überhaupt nicht für diesen erlebbar.[28]

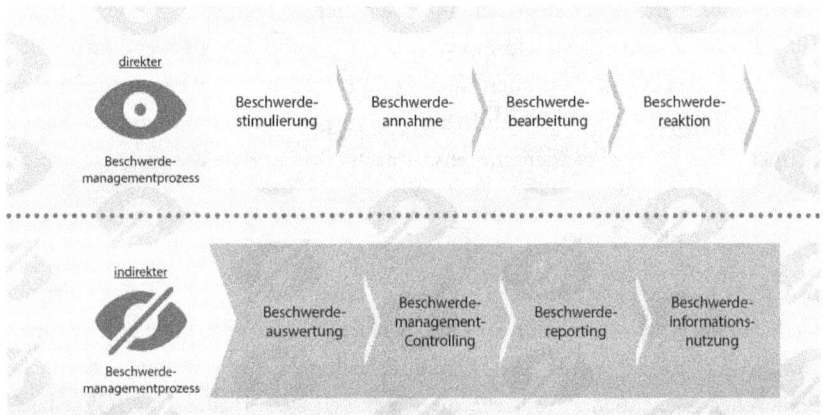

Abbildung 1: Der direkte und indirekte Beschwerdemanagementprozess im Überblick
Quelle: Vgl. Stauss, Seidel (2007): S. 82.

4.1 Aufgaben des direkten Beschwerdemanagement-prozesses

Im Verlauf dieses Kapitels werden die Aufgabenbereiche des direkten Beschwerdemanagements vorgestellt. Dazu gehören die Beschwerdestimulierung, Beschwerdeannahme, Beschwerdebearbeitung und Beschwerdereaktion (vgl. Abbildung 1).

---

27 Vgl. Stauss (2010), S. 415 f.
28 Vgl. Rothlauf (2010), S. 177.

4.1.1 Beschwerdestimulierung

Als erste Aufgabe ist die Beschwerdestimulierung zu nennen. Sie bezeichnet sämtliche Aktivitäten, die eine unzufriedene Person zur Artikulation einer Beschwerde veranlassen. Die Hauptaufgabe des Beschwerdemanagements stellt dabei die Schaffung von Voraussetzungen für eine unkomplizierte und mühelose Beschwerdeführung dar, welche durch die Festlegung und Kommunikation zugänglicher Beschwerdewege gekennzeichnet ist.[29]

Beschwerdewege

Grundsätzlich können Beschwerden persönlich, telefonisch, schriftlich oder elektronisch geäußert werden. Während persönliche Beschwerden häufig in Dienstleistungsbranchen vorkommen, sind schriftliche und telefonische Beschwerdekanäle stärker im Konsumgüterbereich vertreten. Durch den Bedeutungszuwachs des Internets treten Beschwerden heute zunehmend per E-Mail und im Bereich der Social Media auf.[30]

Eine **persönliche** Beschwerde kann durch eine aktive Nachfrage der Mitarbeiter umgesetzt werden, bei der eine potenzielle Leistungsverbesserung offensiv abgefragt wird. Ein Vorteil dieses Kanals ist die umfassende Aufnahme der Beschwerde, da unmittelbar Rückfragen gestellt werden können. Möglichen Barrieren beim potenziellen Beschwerdeführer, z. B. durch die Befürchtung einer unangenehmen Auseinandersetzung, sind als Nachteil persönlicher Beschwerden zu bezeichnen. Um dieser Problematik vorzubeugen, sollte das Unternehmen kommunizieren, dass die Äußerung von Kritik explizit erwünscht ist.[31]

Die **telefonische** Beschwerde stellt, im Falle einer gebührenfreien Rufnummer, einen günstigen Beschwerdekanal für Beschwerdeführer und Unternehmen dar. Durch eine schnelle Reaktion und die Möglichkeit von Sofortlösungspotentialen während des Telefonats kann die Unzufriedenheit des Betroffenen häufig ad hoc abgebaut werden. Fällt die Beschwerde nicht in den Kompetenzbereich

---

29 Vgl. Bruhn (2012), S. 148 ff.
30 Vgl. Bruhn (2012), S. 150.
31 Vgl. Bruhn (2012), S. 150 f.; Stauss, Seidel (2007), S. 116.

eines Mitarbeiters, ist die direkte Weiterleitung und somit die Initiierung des Beschwerdebearbeitungsprozesses möglich.[32]

Der **schriftliche** Beschwerdekanal, der v. a. durch den Brief und das Fax als klassische Beschwerdewege gekennzeichnet ist, verlangt einen vergleichsweise hohen Zeitaufwand vom Beschwerdeführer. Zur Vereinfachung werden, insbesondere im Dienstleistungssektor, leicht zugängliche Meinungskarten verwendet, auf denen der Beschwerdeführer seine Unzufriedenheit ausdrücken kann. Je umfangreicher dies in seinen eigenen Worten möglich ist, desto mehr Stimulierung ist gegeben. Zur Schaffung weiterer Stimuli enthalten die standardisierten Vordrucke in der Praxis oft Preisausschreiben oder ähnliche Anreize.[33]

Den Unternehmen eröffnen sich durch die technische Entwicklung der letzten Jahre mit dem **elektronischen** Beschwerdekanal weitere Möglichkeiten, Beschwerden zu erfassen. Dies ist durch das Internet, z. B. per E-Mail, über Online-Formulare und in sozialen Netzwerken wie Facebook oder Twitter möglich.[34] Soziale Netzwerke sind ein Teil der Social Media, welche die Menge internetbasierter Anwendungen bezeichnen, bei der die Erstellung und der Austausch nutzergenerierter Inhalte im Vordergrund stehen.[35] Aufgrund der stetigen technischen Weiterentwicklung und der damit verbundenen erwarteten Zukunftsorientierung wird der elektronische Beschwerdeweg besonders hervorgehoben.

Die Kommunikation per E-Mail erfolgt asynchron, wodurch Absender und Empfänger nicht gleichzeitig anwesend sein müssen. Dies reduziert das Erreichbarkeitsproblem und spart zudem Personalressourcen ein.[36] Die Artikulation von Beschwerden per E-Mail kann durch zwei verschiedene Zugangsformen geäußert werden: Der Versandt einer Nachricht aus dem E-Mail-System des Beschwerdeführers kennzeichnet die erste Variante, bei der die Beschwerdestimulierung ausschließlich über die Kommunikation der entsprechenden E-Mail-Adresse in anderen Medien erfolgt. Die Nutzung eines Internetlinks zu einer Beschwerdeseite,

---

32 Vgl. Hofbauer, Rau (2011), S. 194 f.; Stauss, Seidel (2007), S. 121.
33 Vgl. Hofbauer & Rau (2011), S. 194; Bruhn (2012), S. 151.
34 Vgl. Bruhn (2012), S. 153.
35 Vgl. Meffert, Burmann, Kirchgeorg (2012), S. 666.
36 Vgl. Stauss & Seidel (2007), S. 125; Bruhn (2012): S. 153.

welche auf der Internetseite des Unternehmens möglichst mehrfach sichtbar platziert wird, charakterisiert die zweite mögliche Stimulierung.[37]

Die Besonderheit sozialer Netzwerke liegt v. a. in der Aktualität, Interaktivität und Schnelllebigkeit der Beiträge, die jederzeit von sämtlichen Nutzern kommentiert werden können.[38] Diese Maßnahme erfordert eine umfassende Moderation und Begleitung der Geschehnisse durch qualifiziertes Personal, das über Entscheidungsspielräume verfügt.[39] Es ist zu beachten, dass durch die Anonymität und Schnelligkeit dieses Mediums die Gefahr des „Shitstorms" besteht, welcher sich durch eine aggressive und beleidigende Diskussion mehrerer Akteure äußert, die losgelöst von Sachargumenten geführt wird.[40] Damit es durch die Interaktion mit den Nutzern zu einer höheren Zufriedenheit kommen kann, ist eine zügige

Rückmeldung auf Beschwerden notwendig.[41] Nach einer Studie des Marktforschungsinstituts Maritz Research erwarten zwei Drittel der Nutzer eine Kontaktaufnahme innerhalb von 48 Stunden.[42]

Kommunikation der Beschwerdewege

Neben der Festlegung der Beschwerdekanäle ist die Kommunikation der eingerichteten Wege nach außen für ein erfolgreiches Beschwerdemanagement unerlässlich. Die Beschwerdewege könnten andernfalls, aufgrund des fehlenden Wissens über dessen Existenz, nicht in Anspruch genommen werden.

Für die Kommunikation der Beschwerdewege sind Maßnahmen aus der Werbung, wie z. B. Hinweise in Print-Anzeigen oder auf Internetseiten, möglich. Im Vorfeld ist jedoch eine Kapazitätsplanung erforderlich, um die potenzielle Inanspruchnahme der Kanäle und weitere Rahmenbedingungen planen zu können. Auf diese Weise kann vermieden werden, dass eine Überlastung der Beschwerdewege eintritt und somit die Unzufriedenheit der Beschwerdeführer durch lange Wartezeiten verstärkt wird.[43]

---

37 Vgl. Stauss & Seidel (2007), S. 126.
38 Vgl. Burger (2012), o. S.
39 Vgl. o. V. (2012a), o. S.
40 Vgl. Hedemann (2012), o. S.
41 Vgl. Wiegran & Harter (2002), S. 124.
42 Vgl. o. V. (2012b), o. S.
43 Vgl. Bruhn (2012), S. 154.

4.1.2 Beschwerdeannahme

Die zweite Aufgabe des direkten Beschwerdemanagementprozesses wird als Beschwerdeannahme bezeichnet. In dieser Phase werden eingehende Beschwerden erfasst. Dazu ist u. a. die Zuständigkeit der Beschwerden zu klären.[44] Die in Betracht kommenden Zuständigkeitsformen werden unter Gliederungspunkt „5.2 Organisationsformen des Beschwerdemanagements" näher erläutert.

Neben der Festlegung der Verantwortungsbereiche wird beispielsweise durch Schulungen für ein angemessenes Auftreten der Mitarbeiter im Erstkontakt gesorgt. Der Einsatz von Rollenspielen bietet sich an, um konkrete Beschwerdesituationen nachvollziehen zu können.[45] Während der Beschwerdeannahme ist grundsätzlich die Bewahrung von Freundlichkeit, die Nennung eines konkreten Ansprechpartners sowie die Beschwerdelösung bzw. die Weiterleitung an die zuständige Stelle anzustreben. Der Beschwerdeführer sollte ernst genommen werden, dessen Beschwerde möglichst bestätigt und ein Endtermin des Beschwerdebearbeitungsprozesses genannt werden.[46] Entsprechende Verhaltensrichtlinien erweisen sich in diesem Zusammenhang als nützliche Grundlage für die Gewährleistung einer einheitlichen Vorgehensweise.

Überdies ist bei der Beschwerdeannahme zu klären, wie die Beschwerdeinformationen bestmöglich unternehmensweit einheitlich und zudem systematisch, vollständig und strukturiert erfasst werden können. Standardisierte Formblätter oder computergestützte Eingabemasken mit eindeutigen und klar abgegrenzten Problemkategorien ermöglichen eine unkomplizierte Beschwerdeannahme.[47] Bei der Erfassung kann zwischen Beschwerdeinhaltsinformationen, das sind Informationen über den Beschwerdeführer, das Beschwerdeproblem und -objekt sowie Beschwerdeabwicklungsinformationen, folglich Angaben über Beschwerdeannahme, -bearbeitung und -reaktion unterschieden werden. Weitere Kategorisierungen erweisen sich bei der Beschwerdeerfassung als sinnvoll: [48]

---

44 Vgl. Meffert & Bruhn (2009), S. 212; Haas & von Troschke (2007), S. 135.
45 Vgl. Meffert & Bruhn (2009), S. 212; Bruhn (2012), S. 156 f.
46 Vgl. Bruhn (2012), S. 156.
47 Vgl. Bruhn (2012), S. 157; Haas & von Troschke (2007), S. 136.
48 Vgl. im Folgenden Haas & von Troschke (2007), S. 136 f.

- Bezieht sich das Anliegen des Beschwerdeführers auf ein Produkt bzw. eine Dienstleistung oder einen Mitarbeiter?
- Handelt es sich um eine Erst- oder Mehrfachbeschwerde? Bei einer Mehrfachbeschwerde: Ist der gleiche Kunde oder das gleiche Produkt Bestandteil der erneuten Beschwerde?
- Wie ist der Kundenwert des Beschwerdeführers einzuordnen? Die Bemessung erfolgt z. B. nach Umsatz, Deckungsbeitrag, Image oder Multiplikatoreffekt bzw. dessen potenziellem Schaden.

4.1.3 Beschwerdebearbeitung

In der Beschwerdebearbeitung, der dritten Aufgabe des direkten Prozesses, sind alle Maßnahmen enthalten, die zur Lösung einer Beschwerde notwendig sind. Dazu gehört die Gestaltung der Bearbeitungsprozesse, die Regelung der internen Kommunikation und Dokumentation, die Festlegung von Bearbeitungsterminen sowie – für deren Einhaltung – die Installation von Überwachungsmechanismen.[49] Einen wesentlichen Bereich der Beschwerdebearbeitung kennzeichnet weiterhin die Analyse der Auslöser und Ursachen von Beschwerden. Sie ist notwendig, um ein umfassendes Bild der Beschwerdegründe zu bekommen und anschließend adäquat reagieren zu können.[50] Im Folgenden wird die Festlegung sowie Sicherstellung der Termine exemplarisch beschrieben.

Die Festlegung von Bearbeitungszeiten ist sowohl intern als auch extern von Bedeutung. Intern stellt sie eine Orientierung für den bearbeitenden Mitarbeiter dar und hilft dem Management bei der Erkennung möglicher Prozessverbesserungen. Extern steuert die Angabe der Bearbeitungszeit die zeitlichen Erwartungen des Beschwerdeführers, wodurch das Unternehmen einen wesentlichen Einfluss auf die Erfüllung der Beschwerdezufriedenheit hat. Für die sinnvolle Festlegung der Bearbeitungstermine müssen die Durchlaufzeiten, das heißt die Zeiten vom Eingang der Beschwerde bis zur Problemlösung, ermittelt werden. Von Bedeutung sind dabei sowohl Bearbeitungs-, Liege-, als auch Transportzeiten.[51]

---

49 Vgl. Kleinschmidt (2005), S. 85; Hofbauer & Schöpfel (2009), S. 317.
50 Vgl. Bruhn (2012), S. 159.
51 Vgl. Kleinschmidt (2005), S. 87.

Für die Sicherstellung der Termineinhaltung empfiehlt sich die Einrichtung eines computergestützten Systems. Abhängig von der Beschwerde ist dadurch die Zuteilung interner Zeitstandards möglich, dessen Einhaltung auf zwei Arten umgesetzt werden kann:[52]

- Internes, mitarbeiterbezogenes Mahnsystem:
  Der bearbeitende Mitarbeiter wird automatisch informiert, wenn ein Termin überschritten wurde. Wird festgestellt, dass ein Mitarbeiter häufig in Verzug kommt, können Ursachen gesucht und Verbesserungsmaßnahmen eingeleitet werden.
- Hierarchieübergreifendes Eskalationssystem:
  Eine Beschwerde, deren Bearbeitungstermin überschritten wurde, wird nach einer festgelegten Zeitspanne an die übergeordnete Hierarchieebene geleitet. Damit sollen die Disziplin der Mitarbeiter erhöht und inhaltliche bzw. zeitliche Leistungsversprechen eingehalten werden. Die Information an den Vorgesetzten soll zur Einleitung prozessoptimierender Maßnahmen führen.

4.1.4 Beschwerdereaktion

Die vierte Aufgabe, bezeichnet als Beschwerdereaktion, beinhaltet sämtliche Maßnahmen, die der Beschwerdeführer während des Beschwerdeprozesses wahrnimmt.[53] Sie besteht aus der Zeitspanne zwischen Beschwerdeeingang im Unternehmen und der Reaktion gegenüber dem Beschwerdeführer, der Individualität der Reaktion, dem Medium der Kontaktaufnahme sowie dem Ausmaß der Wiedergutmachung. Für alle Faktoren steht die Angemessenheit der Reaktion aus Sicht des Beschwerdeführers im Vordergrund.[54]

Aus dem Blickwinkel des Beschwerdeführers beginnt mit der Äußerung seiner Beschwerde die Wartezeit auf eine Reaktion des Unternehmens. Da sich eine Überschreitung des von ihm als realistisch eingeschätzten Zeitabschnitts negativ auf die Wiederherstellung seiner Zufriedenheit auswirkt, ist die

---

52 Vgl. im Folgenden Kleinschmidt (2005), S. 88.
53 Vgl. Kleinschmidt (2005), S. 89.
54 Vgl. Bruhn (2012), S. 162.

Reaktionsschnelligkeit als ein zentrales Qualitätskriterium des Beschwerdemanagements zu bezeichnen.[55] Kommunikationspolitisch steht die Zusendung eines Bestätigungsschreibens und/oder Zwischenbescheides an erster Stelle, wobei auch eine telefonische Rückmeldung möglich ist. Bei schriftlichen Reaktionen ist zu entscheiden, ob eine Standard- oder Individualreaktion im konkreten Beschwerdefall angemessen erscheint. Die standardisierte Form wird in der Regel bei häufiger auftretenden Beschwerden mit geringem Problemausmaß genutzt und ist gekennzeichnet durch eine schnelle Anwendbarkeit und einen kostengünstigen Aufwand. Die individuelle Reaktion hingegen ist bei schwerwiegenden Problemen oder einer situativen Beschwerde angebracht, die mit regulären Beschwerden nicht vergleichbar ist. Bei der Verwendung von Textbausteinen ist Vorsicht geboten, v. a., wenn sich ein Beschwerdeführer nicht zum ersten Mal mit einer Beschwerde an das Unternehmen wendet. Allgemeine Formulierungen können die Unzufriedenheit des Betreffenden verstärken, wenn ihm die Beschwerde als nicht angemessen gewürdigt erscheint.[56]

Über welches Medium die Rückmeldung an den Beschwerdeführer erfolgt, ist situativ zu bewerten. Gleichwohl ist festzustellen, dass Beschwerdeführer bereits mit dem Medium ihrer Kontaktaufnahme Erwartungen verbinden. Während bei einer telefonischen Beschwerde eine schnelle Bearbeitung gewünscht wird und die Anteilnahme an der Situation in Erfahrung gebracht werden soll, wünscht sich der Beschwerdeführer bei der Äußerung per Brief in der Regel etwas Greifbares und Nachvollziehbares. Die Reaktion des Unternehmens muss deshalb nicht notwendigerweise auf dem Beschwerdekanal erfolgen, auf dem die Beschwerde eingetroffen ist. Eine Antwort auf demselben Weg ist, z. B. durch verlängerte Reaktionszeiten beim Brief, nicht immer kundenfreundlich genug. Zudem sind die Kosten der Beschwerdereaktion zu berücksichtigen.[57] Die definitive Beschwerdelösung kann aus einer schriftlichen Benachrichtigung bestehen, die den Dank für die Beschwerde, das Bedauern für entstandene Beeinträchtigungen, eine kurze Zusammenfassung und Analyse des Beschwerdevorfalls sowie das Ergebnis

---

55 Vgl. Bruhn (2012), S. 162.
56 Vgl. Bruhn (2012), S. 162 f.
57 Vgl. Niefind & Wiegran (2010),: S. 25.

der Problemanalyse und die Mitteilung eines konkreten Kompensationsangebots enthalten.[58]

Für die Kompensation sind grundsätzlich finanzielle, materielle oder immaterielle Lösungsangebote denkbar. Dabei ist in der Praxis oft nicht der finanzielle bzw. (im)materielle Wert der Wiedergutmachung, sondern die Art und Weise der Beschwerdebearbeitung für die Zufriedenheit des Beschwerdeführers entscheidend.[59]

4.2 Aufgaben des indirekten Beschwerdemanagementprozesses

Im indirekten Beschwerdemanagementprozess werden die Aufgaben Beschwerdeauswertung, Beschwerdemanagement-Controlling, Beschwerdereporting und Beschwerdeinformationsnutzung behandelt.[60]

4.2.1 Beschwerdeauswertung

Die erste Aufgabe des indirekten Beschwerdemanagementprozesses basiert auf der quantitativen und qualitativen Auswertung in Beschwerden enthaltener Hinweise auf betriebliche Schwächen. Das Ziel der Beschwerdeauswertung ist die Erreichung von Qualitätsverbesserungen durch die Nutzung entsprechender Informationen.[61]

Quantitative Beschwerdeauswertung

Die quantitative Auswertung kann durch univariate und bivariate Verfahren einerseits sowie mit Hilfe der Frequenz-Relevanz-Analyse von Beschwerden (FRAB) andererseits unternommen werden.[62] Univariate Verfahren beinhalten auf jeweils eine Variable bezogene absolute und relative Häufigkeitsverteilungen. Dabei kann die Verteilung der Beschwerdeanzahl innerhalb eines Erfassungskriteriums (z. B. Problemart: Unfreundlichkeit) über dessen Ausprägung

---

58 Vgl. Bruhn (2012), S. 164; Stauss & Seidel (2007), S. 263.
59 Vgl. Bruhn (2012), S. 164.
60 Vgl. Rothlauf (2010), S. 177.
61 Vgl. Hofbauer & Hellwig (2009), S. 301; Stauss (2011), S. 460.
62 Vgl. Homburg & Fürst (2003), S. 18.

bestimmt werden (vgl. Abbildung 2). Die Berechnungen von Mittelwerten und Streuungsmaßen erweisen sich überdies für Zeitvergleiche als sinnvoll, wenn absolute Beschwerdezahlen zeitraumspezifisch erfasst werden. Univariate Verfahrensweisen zeigen, wie oft bestimmte Probleme auftreten und welche Produkte bzw. Dienstleistungen davon betroffen sind.[63]

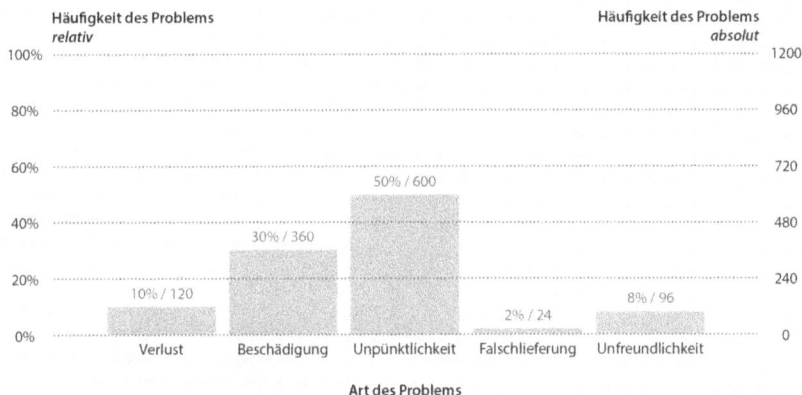

Abbildung 2: Die beispielhafte Darstellung einer absoluten und relativen Häufigkeitsverteilung des Beschwerdeaufkommens nach Problemarten
Quelle: Vgl. Stauss & Seidel (2007): S. 270 f.

Bivariate Verfahrensweisen, wie die Kreuztabellierung, untersuchen hingegen die Zusammenhänge zwischen zwei Variablen und können somit den Zusammenhang zwischen auftretenden Problemen und der Art des Produktes bzw. der Dienstleistung erkennen. In der Kreuztabellierung als wichtigstes bivariates Verfahren werden die Merkmalsausprägungen zweier Variablen in einer Matrix dargestellt und die Häufigkeit jeder Kombination aufgezeigt (vgl. Abbildung 3). Um eine aussagekräftige Matrix zu erstellen, sollten nur die Kriterien in Beziehung gesetzt werden, bei denen die begründete Annahme von existenten Zusammenhängen besteht. Des Weiteren ist zu entscheiden, welche Variable zur Vorhersage

---

63   Vgl. Stauss & Seidel (2007), S. 270 ff.

einer anderen geeignet ist. Die Anordnung der beiden Variablen ist schließlich als dritte Überlegung anzustellen. Sie ist gemäß Abbildung 3 vorzunehmen.[64]

Art des Produkts \ Art des Problems	Verlust	Beschädigung	Unpünktlichkeit	Falschlieferung	Unfreundlichkeit	Summe
Standard	60 (7,5 %)	200 (25 %)	450 (56,25 %)	8 (1 %)	82 (10,25 %)	800 (100 %)
Express	60 (15 %)	160 (40 %)	150 (37,5 %)	16 (4 %)	14 (3,5 %)	400 (100 %)
Summe	120	360	600	24	96	1.200

Abbildung 3: Beispielhafte Kreuztabellierung mit Prädiktorvariable „Art des Produkts" und Kriteriumsvariable „Art des Problems"
Quelle: Stauss & Seidel (2007): S. 276.

Die Analyse zur Priorisierung von Problemen kann unter Zuhilfenahme der Frequenz-Relevanz-Analyse erfolgen. Dieser Ansatz beruht auf der Annahme, dass einer Beschwerde eine umso höhere Bedeutung beigemessen werden sollte, je öfter sie auftritt und je bedeutsamer dieses Auftreten vom Beschwerdeführer empfunden wird.[65] Die Frequenz des Problemauftritts wird dabei durch die zuvor beschriebene Häufigkeitsauswertung bestimmt, die Relevanz hingegen durch eine Skala, die in der Regel vom Mitarbeiter ausgefüllt wird. Dabei trifft er eine Einschätzung aufgrund von Formulierungen und Verhaltensweisen des Beschwerdeführers, für wie bedeutsam dieser das Problem empfindet. Durch die subjektive Einordnung sind diese Werte jedoch behutsam zu interpretieren, da sie je nach Mitarbeiter sehr unterschiedlich ausfallen können. Im Rahmen der Analyse werden problembezogene Relevanzwerte durch die Multiplikation von Häufigkeit und der durchschnittlichen Relevanz der Beschwerden ermittelt.

---

64 Vgl. Stauss & Seidel (2007), S. 269 ff., S. 276 ff.
65 Vgl. Meffert & Bruhn (2009), S. 209.

Diese Werte werden anschließend durch die Gesamtsumme sämtlicher Relevanz-werte geteilt, um entsprechende Problemwertindizes (PWI) zu erhalten. Die PWI zeigen, welchen prozentualen Anteil das einzelne Problem an der gesamten in Be-schwerden geäußerten Kundenunzufriedenheit hat, wodurch die Erstellung einer Rangfolge möglich ist.[66]

Qualitative Beschwerdeauswertung

Das qualitative Verfahren hat den Zweck, wahrgenommene Probleme einzel-fallspezifisch auf ihre Ursachen zu untersuchen und somit Maßnahmen für eine kontinuierliche Qualitätsverbesserung zu ergreifen. Dabei gehen sowohl die Er-gebnisse der quantitativen Beschwerdeauswertung als auch die als offene Kom-mentare erfassten Informationen aus der Beschwerdeannahme über Umstände des Beschwerdevorfalls in die Analyse ein.[67] Das Ursache-Wirkungs-Diagramm, auch Fischgräten-Diagramm genannt, kennzeichnet ein mögliches Instrument der qualitativen Beschwerdeauswertung (vgl. Abbildung 4). Dabei handelt es sich um eine Methode, mit der alle Einflussgrößen (=Ursachen) für ein klar defi-niertes Problem (=Wirkung) bestimmt werden, die zu ihrem Auftreten beitragen können. Diese Ursachen und ihre Beziehung zueinander werden hier in einem Ursache-Wirkungs-Diagramm in Ursachenklassen strukturiert. Durch die Rück-verfolgung von Wirkungsketten soll schließlich der Ursprung des Problemauf-tritts identifiziert werden.[68] Das Ursache-Wirkungs-Diagramm besteht aus sechs Schritten: [69]

1. Problemformulierung: Problem selektieren und definieren
2. Identifikation der Ursache: Haupteinflussfaktoren einzeichnen
3. Identifikation von Detailursachen: Fehlerursachenermittlung
4. Identifikation der wahrscheinlichsten Detailursachen: Optische Hervorhebung der mutmaßlich größten Einflüsse

---

66   Vgl. Stauss & Seidel (2007), S. 286 ff.
67   Vgl. Stauss & Seidel (2007), S. 299.
68   Vgl. Meffert & Bruhn (2009), S. 214; Stauss & Seidel (2007), S. 299 ff.
69   Vgl. im Folgenden Stauss & Seidel (2007), S. 299 ff.

5. Überprüfung der identifizierten Detailursachen:
   Einzelfallprüfung, chronologisch nach wahrscheinlichster Ursache
6. Ableitung und Einführung der Problemlösung(en) durch Maßnahmenpläne

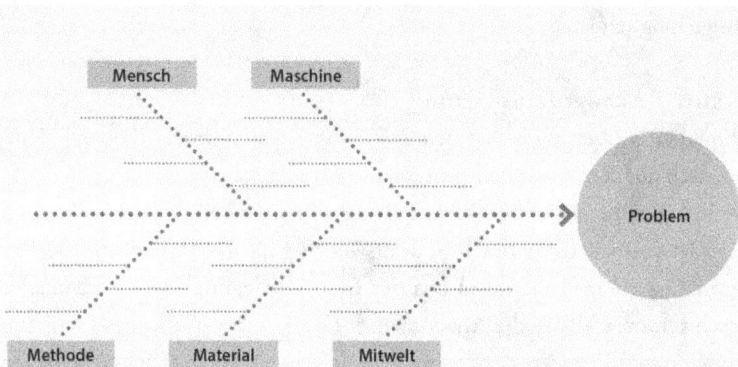

Abbildung 4: Das Ursache-Wirkungs-Diagramm (auch: Fischgräten-Diagramm)
Quelle: Stauss & Seidel (2007): S. 301.

4.2.2 Beschwerdemanagement-Controlling

Das Controlling ist eine innerbetriebliche Führungsunterstützung, die eine zielgemäße Unternehmensführung sicherstellen soll. Im Rahmen des Beschwerdemanagements kann es funktional, institutionell, inhaltlich und methodisch beschrieben werden.[70] Im Rahmen des Beitrags wird sowohl zur inhaltlichen, als auch zur methodischen Form Stellung genommen.

Inhaltlich wird im Beschwerdemanagement-Controlling zwischen dem Evidenz-Controlling, Aufgaben-Controlling und Kosten-Nutzen-Controlling unterschieden. Im Rahmen des Evidenz-Controllings wird das Ausmaß der in Form von Beschwerden geäußerten Kundenunzufriedenheit ermittelt. Die Identifikation nicht geäußerter Beschwerden sowie die Ermittlung des Umfangs von geäußerten, nicht registrierten Beschwerden stehen in diesem Teilbereich im Vordergrund.[71] Das Evidenz-Controlling ist sehr bedeutend, da verschiedene Studien

---

70 Vgl. Stauss & Seidel (2007), S. 307 f.
71 Vgl. Hofbauer & Hellwig (2009), S. 301.

gezeigt haben, dass sich durchaus nicht alle unzufriedenen Kunden beschweren bzw. ein Teil der geäußerten Beschwerden in Unternehmen nicht erfasst wird. Im Evidenz-Controlling werden daher unterschiedliche Kennzahlen, wie die „Nicht-Artikulationsquote", die „Nicht-Registrierungsquote" oder die „Evidenzquote", erhoben. Letztere beschreibt die Zahl der registrierten Beschwerdeführer im Verhältnis zur Gesamtzahl verärgerter Kunden. Die Beschwerdequote, die ebenfalls häufig von Unternehmen berechnet wird, indem der Quotient aus sämtlichen Beschwerdeführern und der gesamten Kundenzahl gebildet wird, ist keinesfalls aussagekräftig, da nicht artikulierte bzw. nicht erfasste Beschwerden ignoriert werden.[72]

Im Aufgaben-Controlling werden für sämtliche Aktivitäten des Beschwerdemanagements Qualitätsdimensionen, Qualitätsindikatoren und Soll-Vorgaben festgelegt. Die Dimensionen beschreiben zunächst die Qualität der jeweiligen Aufgabenerfüllung (z. B. Beschwerdeauswertung: Präzision der Ursachenanalyse). Im nächsten Schritt werden für jede Dimension subjektive und objektive Qualitätsindikatoren festgelegt. Während im ersten Fall die Zufriedenheit der Beschwerdeführer als Richtlinie gewählt wird, sind in den objektiven Indikatoren die Dimensionen unabhängig von dessen Urteil zu ermitteln. Die Messung der Beschwerdezufriedenheit kann z. B. durch die Befragung der Beschwerdeführer mittels Fragebogen erreicht werden. Im Rahmen des objektiven Aufgaben-Controllings, welches sich durch objektive Messgrößen mit der Überwachung der Einhaltung von Leistungsstandards beschäftigt, werden objektive Qualitäts- und Produktivitätsstandards formuliert. Ein Qualitätsstandard der Beschwerdeannahme kann danach die zielgerechte Weiterleitungsquote sein, der zufolge beispielsweise 90% aller Beschwerden bei der ersten Weiterleitung bei der zuständigen Stelle eingehen sollen. Der angestrebte Wert stellt eine Soll-Vorgabe dar, die es zu erreichen gilt. Soll-Vorgaben sind sowohl für das subjektive als auch für das objektive Aufgaben-Controlling zu bestimmen.[73]

Das Kosten-Nutzen-Controlling stellt die Kosten des Prozesses ins Verhältnis zu dessen Nutzen. Somit kann die Wirtschaftlichkeit und Rentabilität des

---

72   Vgl. Stauss & Seidel (2007), S. 309 ff.
73   Vgl. Stauss & Seidel (2007), S. 326 ff.

Prozesses sowie der Beitrag zum Unternehmenserfolg ermittelt werden.[74] Um die Wirtschaftlichkeit des Beschwerdemanagements beurteilen zu können, werden zunächst relevante Kosten, z. B. Personalkosten, Verwaltungskosten und Kommunikationskosten im Rahmen der traditionellen Kostenrechnung identifiziert. Dafür wird als erstes im Rahmen der Kostenartenrechnung geklärt, welche Kosten angefallen sind. In der Kostenstellenrechnung wird anschließend bestimmt, welchen Bereichen die entstandenen Kosten zugeordnet werden können. Ist das Beschwerdemanagement zentral organisiert, so ist es als Kostenstelle anzusehen. Gibt es eine dezentrale Organisation, sind die angefallenen Einzel- und Gemeinkosten auf den Kostenstellen zu verbuchen, in denen sie wahrgenommen wurden (vgl. 5.2 Organisationsform des Beschwerdemanagements). In der Kostenträgerrechnung werden die Kosten letztlich dem jeweils verursachenden Kostenträger (Produkt oder Dienstleistung) zugeordnet.[75] Im Hinblick auf den Nutzen des Beschwerdemanagements resultieren drei wesentliche Komponenten aus den beim Kunden erreichten Verhaltensänderungen: der Einstellungs-, Wiederkauf und Kommunikationsnutzen. Durch die Beschwerdeauswertung ergibt sich zudem ein Informationsnutzen. Das Ziel des Nutzen-Controllings besteht in der Quantifizierung dieser Nutzenkomponenten und der anschließenden Gegenüberstellung mit den Kosten des Beschwerdemanagements.[76] Der Einstellungsnutzen, bei dem eine Einstellungsverbesserung des Beschwerdeführers erreicht werden soll, wird nachfolgend beispielhaft dargestellt:[77]

Aufgabe:	Die Kundeneinstellung nach Abschluss des Beschwerdefalls mit der Einstellung vor und nach Eintritt des Problems in Beziehung setzen.
Mittel:	Beschwerdezufriedenheitsbefragung

---

74   Vgl. Hofbauer & Hellwig (2009), S. 301.
75   Vgl. Stauss & Seidel (2007), S. 356 ff.
76   Vgl. Stauss & Seidel (2007), S. 367 ff.
77   Vgl. im Folgenden Stauss & Seidel (2007), S. 367 ff.

Problem: Der Beschwerdeführer soll die damaligen Einstellungen rekonstruieren, ohne die Erfahrungen des Beschwerde-managementprozesses und -ergebnisses miteinzubeziehen.

Fazit: Eine objektive Betrachtung ist kaum möglich, jedoch ist die Ansicht des Kunden darüber entscheidend und beeinflusst dessen Kommunikations- und Wiederkaufverhalten.

Kosten: Eine Bewertung kann durch eine vergleichende Abschätzung vorgenommen werden, wenn Informationen darüber vorliegen, welche Werbekosten pro Kunde einzusetzen sind, um Einstellungsverbesserungen um den gleichen Prozentsatz zu erreichen.

Ein Beispiel für die anschließende Kosten- und Erfolgsrechnung bildet Abbildung 5, in der ihr Aufbau erläutert und der Gewinn des Beschwerdemanagements exemplarisch ausgewiesen wird:[78]

Kosten-/Erfolgsposition	Kosten/Erfolg	% vom Markterfolg
Realisierter Wiederkaufnutzen	1.609.920 €	52,00 %
+ Realisierter Kommunikationsnutzen	1.486.080 €	48,00 %
= Markterfolg des Beschwerdemanagements	3.096.000 €	100,00 %
- Personalkosten	283.000 €	9,14 %
= Rohgewinn des Beschwerdemanagements	2.813.000 €	90,86 %
- Verwaltungskosten	105.500 €	3,41 %
- Kommunikationskosten	31.500 €	1,02 %
- Reaktionskosten	240.000 €	7,75 %
= Gewinn des Beschwerdemanagements	2.436.000 €	78,68 %

Abbildung 5: Beispielhafte Kosten- und Erfolgsrechnung des Beschwerdemanagements
Quelle: Stauss & Seidel (2007): S. 401.

---

78   Vgl. Stauss & Seidel (2007), S. 401.

In der methodischen Betrachtung geht es um die zielorientierte Steuerung und Überwachung der Kennzahlen aus dem Evidenz-, Aufgaben- und Kosten-Nutzen-Controlling. Die Steuerung wird v. a. durch den Beschwerdemanagement- Index (BMI) und die Beschwerdemanagement-Balanced Scorecard durchgeführt, während die Überwachung durch das Beschwerdemanagement- Audit stattfindet.[79] Beim BMI handelt es sich um ein Instrument zur detaillierten operativen Steuerung der Aufgabenerfüllung, während die Balanced Scorecard der umfassenden strategischen Steuerung dient. Beschwerdemanagement-Audits hingegen befassen sich mit der systematischen und ausführlichen Überprüfung des Beschwerdemanagements, bei denen die Erfüllung definierter Anforderungen kontrolliert wird.[80]

4.2.3 Beschwerdereporting

Bei der dritten Aufgabe, dem Beschwerdereporting, handelt es sich um die Berichterstattung von Informationen beschwerderelevanter Sachverhalte an unternehmensinterne Zielgruppen. Es beinhaltet neben einer aktiven Berichterstattung („Informations-Push"), durch die primär Ergebnisse der Beschwerdeauswertung aber auch Informationen aus dem Controlling aktiv an die Zielgruppen vermittelt werden, die Bereitstellung von Informationen („Informations-Pull"). Dabei werden auf Anforderung Sonderauswertungen vorgenommen und der Zugriff beschwerderelevanter Informationen ermöglicht, damit eigenständige Auswertungen durchgeführt werden können.[81]

In der aktiven Berichterstattung, in der festgelegt wird, welche Auswertungen in welchen Zeitintervallen für welche internen Zielgruppen aufbereitet und aktiv kommuniziert werden, sind folgende Fragen zu klären:[82]

---

79 Vgl. Stauss & Seidel (2007), S. 309.
80 Vgl. Stauss & Seidel (2007), S. 418, S. 427.
81 Vgl. Hofbauer & Schöpfel (2009), S. 319; Stauss & Seidel (2007), S. 431.
82 Vgl. im Folgenden Stauss & Seidel (2007), S. 431 ff.

- Welchen Personen oder Abteilungen wird der Zugriff für Beschwerdeinformationen eingeräumt?
- Welche Informationen und Auswertungen werden allen Mitarbeitern, z. B. durch eine Mitarbeiterzeitschrift oder das Intranet, mitgeteilt?
- Welche Inhalte gehen den Anspruchsgruppen in welcher Form und Detailliertheit zu?

Die Bereitstellung beschwerderelevanter Informationen auf Nachfrage, kann „on stock" oder „on demand" erfolgen. Eine on-stock-Bereitstellung liegt im Falle eines vom Beschwerdemanagement eingerichteten Informationspools vor, auf den festgelegte interne Zielgruppen Zugriff haben. Dazu sollten sowohl Originaldokumente, als auch Detailauswertungen zugänglich sein, da dies den Zielgruppen ermöglicht, umfassende Kenntnisse zu erlangen und die Aktivitäten der Informationsnutzung detailliert zu fundieren. Die on-demand-Informationsbereitstellung bezieht sich auf Sonderauswertungen, die entweder spezielle Sachverhalte beinhalten oder vom vereinbarten Rhythmus abweichen.[83]

4.2.4 Beschwerdeinformationsnutzung

Die Beschwerdeinformationsnutzung beschreibt das letzte Ziel des indirekten Beschwerdemanagementprozesses. Sie umfasst die Nutzung der zuvor erhobenen Beschwerdeinformationen, mit dem Ziel, Qualitätsverbesserungen zu erreichen. Diese Aufgabe kann durch die Einbeziehung in Qualitätsverbesserungsteams oder -zirkel, die Nutzung der Problemlösungskompetenz von Beschwerdeführern oder die Integration von Beschwerde- und Beschwerdemanagementinformationen in ein Kundenwissensmanagement erreicht werden.[84]

Qualitätsverbesserungsteams sind dadurch gekennzeichnet, dass sie einem zeitlich befristeten Projekt zugehören mit dem Ziel, die Lösung für einen zuvor definierten Qualitätsmangel zu erarbeiten. Die Zusammensetzung eines solchen Teams erfolgt abteilungsübergreifend und ergibt sich aus erforderlicher Erfahrung und Durchsetzungspotenzial. Qualitätszirkel hingegen bezeichnen eine Art von Qualitätsverbesserungsteams, die hauptsächlich Probleme aus dem engeren

---

83 Vgl. Stauss & Seidel (2007), S. 444 f.
84 Vgl. Gardini (2004), S. 314; Hofbauer & Schöpfel (2009), S. 319.

Arbeitsumfeld behandeln. Ein Zirkel besteht zudem freiwillig und ist mit regelmäßigen Treffen eine auf Dauer angelegte Arbeitsgruppe.[85]

Der zweite Ansatz, der den Beschwerdeführer in das Problemlösungsverfahren einbezieht, wird unter der Verwendung von Kundenforen durchgeführt. Dies sind Gruppendiskussionen mit einem Kreis ausgewählter Kunden, mit denen spezielle Themen der Geschäftsbeziehung besprochen werden. Sie sind persönlich oder virtuell in einem Chat im Internet realisierbar.[86]

Die dritte Möglichkeit, eine Integration von Informationen in ein Kundenwissensmanagement, besteht darin, das Wissen des Kunden zu erfassen sowie das Wissen über den Kunden zu bewahren, weiterzugeben und der weiteren Nutzung zugänglich zu machen. Weiterhin sind Wissensdefizite der Kunden zu identifizieren, Wissen bereitzustellen und mitzuteilen.

Mit dieser Methode soll das Unternehmen seine Flexibilität, Innovationskraft und Lernfähigkeit steigern und schließlich Wettbewerbsvorteile realisieren.[87]

---

85 Vgl. Stauss & Seidel (2007), S. 466 f.
86 Vgl. Stauss & Seidel (2007), S. 472 ff.
87 Vgl. Stauss & Seidel (2007), S. 479 f.

5   Bedingungen des Beschwerdemanagements

5.1   Rahmenfaktoren des Beschwerdemanagements

Neben der Aufgabenerfüllung des direkten und indirekten Beschwerdemanagementprozesses sind auch innerbetriebliche Rahmenbedingungen für ein funktionierendes Beschwerdemanagement zu gestalten.[88] Dazu zählt ein systematisches Management, welches in personalpolitischer, organisatorischer und informationstechnologischer Hinsicht abgestimmt ist:

1. Personalpolitische Aspekte:
Mitarbeiterqualifikationen wie Emotionalkompetenz, Sozialkompetenz sowie Fach- und Methodenkompetenz bereitstellen und fördern:

- Rekrutierung entsprechender Mitarbeiter
- Implementierung einer umfassenden internen Kommunikation
- Schaffung von Anreizsystemen
- Übertragung von Handlungsspielräumen
- Umsetzung einer kundenorientierten Unternehmenskultur

2. Organisatorische Aspekte:
Festlegung der Beschwerdeorganisation (vgl. 5.2 Organisationsformen des Beschwerdemanagements), Festlegung externer und interner Funktionen des Beschwerdemanagements:

- Verknüpfung bestehender Prozesse
- Festlegung des Einflusses des Beschwerdemanagements im Unternehmen
- Bestimmung der hierarchischen Verankerung

---

88   Vgl. im Folgenden Stauss & Seidel (2007), S. 87 ff.

3. Informationstechnologischer Aspekt:
Bestimmung, ob auf eine spezielle Beschwerdemanagementsoftware oder eine integrative CRM-Lösung zurückgegriffen wird, sowie Festlegung der Einbeziehung von Intranet und Internet.

Da das Verhalten der Mitarbeiter für die Beschwerdezufriedenheit und einen erfolgreichen Beschwerdemanagementprozess entscheidend ist, nehmen personalpolitische Aspekte einen bedeutenden Bereich ein.

5.2 Organisationsformen des Beschwerdemanagements

Um die organisatorischen Rahmenfaktoren des Beschwerdemanagements im Hinblick auf eindeutige Zuständigkeiten von Beschwerden zu erfüllen, werden nachfolgend mögliche Organisationsformen beschrieben.

5.2.1 Zentrales Beschwerdemanagement

Eine zentrale Organisation kennzeichnet sich durch eine eigenständige Abteilung für Beschwerden. Sie bietet sich an, wenn hauptsächlich gleiche Beschwerden geäußert werden, für die standardisierte Prozesse existieren. Ein Vorteil der zentralen Bearbeitung ist die Qualifizierung der Mitarbeiter, die im Beschwerdeumgang erprobt sind. Da sie sich nicht für die Ursache des Problems, sondern für eine schnellstmögliche Lösung verantwortlich fühlen, wird die Verdrängung unangenehmer Informationen vermieden. Als Nachteil können interne Konflikte identifiziert werden, die durch gegenseitige Schuldzuweisungen oder mangelnde Akzeptanz innerhalb des Unternehmens entstehen können. Eine zentrale Abteilung wird häufig in Unternehmen eingeführt, in denen telefonische und schriftliche Beschwerden überwiegen.[89]

5.2.2 Dezentrales Beschwerdemanagement

Im Gegensatz zur zentralen Beschwerdebearbeitung werden Beschwerden in der dezentralen Organisation durch unterschiedliche Unternehmensbereiche behandelt. Dieses Modell bietet sich an, wenn die eingehenden Beschwerden

---

89   Vgl. Jeschke (2005), S. 34 f.; Bruhn (2012), S. 156.

zunehmend heterogen sind. Dem Beschwerdeführer wird hier ermöglicht, sich bei Stellen zu beschweren, mit denen er bereits intensiven Kontakt pflegt. Existiert bereits ein Vertrauensverhältnis, wird dem Mitarbeiter möglicherweise offener gegenübergetreten. Vorteilhaft ist des Weiteren die Nutzung möglicher Sofortlösungspotentiale.[90] Ein Nachteil kann hingegen die Auseinandersetzung des Mitarbeiters mit selbst verursachten Fehlern darstellen. Es sind umfangreiche Informations- und Schulungsmaßnahmen notwendig, um die Belegschaft vom Nutzen eines dezentralen Beschwerdemanagements zu überzeugen. Der Aufwand ist entsprechend größer als in der zentralen Beschwerdebearbeitung.[91]

5.2.3 Zweistufiges Beschwerdemanagement

Die zweistufige Organisationsform, auch duales Beschwerdemanagement genannt, ist eine Kombination aus der zentralen und dezentralen Beschwerdebearbeitung.[92] In diesem Fall ist der Vertriebsmitarbeiter in sämtlichen Fragen und Angelegenheiten der erste Ansprechpartner für Beschwerden. Fällt eine Beschwerde in den Kompetenzbereich dieses Mitarbeiters, löst er das Problem eigenständig. Anschließend hat er die Aufgabe, den Beschwerdegrund an das zentrale Beschwerdemanagement, z. B. mittels CRM-Software, zu melden. Hier werden alle Beschwerden erfasst und ausgewertet. Mögliche Schwachstellen können so durch die Analyse erkannt und Häufungen von Beschwerdegründen vermieden werden. Ist es dem Mitarbeiter nicht möglich, die Beschwerde zu lösen, kann er sie an die zentrale Beschwerdestelle zur Klärung weiterleiten. Der Beschwerdeführer erhält anschließend entweder eine Antwort vom zentralen Beschwerdemanagement oder vom Vertriebsmitarbeiter, der sich nach interner Abstimmung erneut als Ansprechpartner an ihn wendet.[93]

---

90 Vgl. Jeschke (2005), S. 35; Erlbeck (2004), S. 34.
91 Vgl. Jeschke (2005), S. 35.
92 Vgl. Stauss & Seidel (2007), S. 521.
93 Vgl. Becker & Eder (2010), S. 40 f.

5.3 Barrieren des Beschwerdemanagements

Ein Beschwerdemanagement dient dem Unternehmen als Feedback-Mechanismus und stellt somit eine Chance dar, Schwächen im Unternehmen zu erkennen, diese zu vermindern bzw. zu vermeiden.[94] Es kann jedoch durch unterschiedliche interne und externe Barrieren beschränkt werden.

5.3.1 Interne Barrieren

Interne Barrieren kennzeichnen Grenzen, die innerhalb des Unternehmens entstehen. Sie tragen dazu bei, dass die erfolgreiche Durchführung eines Beschwerdemanagements beeinträchtigt wird. Innerhalb dieses Gliederungspunktes werden sowohl Akzeptanz-, als auch Führungs- und Organisationsbarrieren betrachtet.

Akzeptanzbarrieren können z. B. aufgrund eines fehlenden Problembewusstseins entstehen. Dieses liegt vor, wenn Unternehmen aufgrund eines vermeintlich geringen Beschwerdeaufkommens von der Zufriedenheit der Kunden ausgehen, wodurch die Implementierung eines Beschwerdemanagements nicht notwendig erscheint.[95] Dabei wird nicht beachtet, dass Kunden, z. B. durch fehlende Beschwerdekanäle, nicht die Chance erhalten etwas zu beanstanden und dadurch wortlos abwandern können. Eine weitere Akzeptanzbarriere liegt in der negativen Beurteilung von Beschwerden. Da Beschwerden auf Fehler hindeuten, setzt die Konfrontation und Ursachenanalyse ein hohes Selbstbewusstsein des Mitarbeiters voraus. Herrscht im Unternehmen keine ausreichende Fehlertoleranz, so werden die Verantwortlichen nicht zu einem offenen Umgang mit Beschwerden motiviert.[96]

Der Zweifel des Managements am ökonomischen Nutzen und die Befürchtung hoher Kosten sind als weitere Barrieren zu nennen. Obwohl die Berechnung des Nutzens, z. B. durch Kundenbindung, möglich ist, setzt eine zuverlässige Kalkulation u. a. Daten über die Beschwerdezufriedenheit und das Kommunikationsverhalten der Beschwerdeführer voraus. Da diese Informationen bei der Einführung eines Beschwerdemanagements in der Regel noch nicht vorliegen, ist die Berechnung mit Spekulationen verbunden und kann keine fundierten

---

94   Vgl. Barlow & Møller (2003), S. 12.
95   Vgl. Stauss & Seidel (2007), S. 637.
96   Vgl. Haeske (2001), S. 154; Stauss & Seidel (2007), S. 638.

Erfolge garantieren.[97] Im Hinblick auf die Kosten des Beschwerdemanagements wird häufig nicht berücksichtigt, dass Kunden aufgrund fehlender bzw. nicht hinreichender Beschwerdebearbeitung abwandern können und sich die Neukundengewinnung wesentlich kostenintensiver darstellt als die Verhinderung des Abwanderns.[98]

Durch Führungsbarrieren, wie fehlendes Engagement des Managements, kann die Implementierung und Durchführung eines Beschwerdemanagements ebenfalls scheitern. Widmet die Führung dem Projekt nicht die volle Aufmerksamkeit, signalisiert dies der Belegschaft, dass Kundenzufriedenheit kein zentrales Unternehmensziel ist. Eine weitere Führungsbarriere ist die fehlende Sensibilisierung der Mitarbeiter. Bleibt deren Information und Schulung aus, können Beschwerden nicht angemessen bearbeitet werden, wodurch ein effektives Beschwerdemanagement unmöglich ist. Zuletzt soll die Missinterpretation des Beschwerdemanagements als IT-Problem im Rahmen von Führungsbarrieren genannt werden. Diese Barriere tritt auf, wenn die Führung das Beschwerdemanagement nicht als Managementaufgabe, sondern als Problem der Softwareimplementierung versteht. Eine Zielerreichung des Beschwerdemanagements ist jedoch nur möglich, wenn das strategische Konzept die Technik bestimmt und nicht umgekehrt.[99]

Organisatorische Barrieren beschreiben weitere Grenzen innerhalb des Unternehmens und können durch den Widerstand gegen Veränderungsimpulse gekennzeichnet sein. Der Grund ist u. a. die in Beschwerden enthaltene Kritik an früheren Entscheidungen und Vorgehensweisen. Ebenso ist ein Widerstand bezüglich des Einflusses des Beschwerdemanagements möglich, da es Entscheidungsspielräume diverser Abteilungen einengen kann. Die Informationsabwehr hat daher v. a. psychologische Hintergründe.[100]

Die genannten internen Barrieren sind, im Gegensatz zu den externen Barrieren, durch das Management beeinflussbar.

---

97   Vgl. Stauss & Seidel (2007), S. 638 f.
98   Vgl. Köhler (2009), S. 316; Erler (2010), S. 40.
99   Vgl. Stauss & Seidel (2007), S. 640 ff.
100   Vgl. Stauss & Seidel (2007), S. 643 f.

5.3.2 Externe Barrieren

Aufgrund der hohen Relevanz der internen Faktoren werden die externen Grenzen im Folgenden nur kurz erläutert. Obwohl ein Beschwerdemanagement unzufriedene Anspruchsgruppen des Unternehmens durch Stimulation zu einer Beschwerde veranlassen möchte, äußern sich nicht alle unzufriedenen Personen.[101] Unabhängig von der Reaktion eines solchen Kunden, hat dieser negative Erfahrungen mit dem Unternehmen gemacht und wird dadurch zu einem „gefährdeten Kunden".[102] Er kennzeichnet sich dadurch, dass er einen Beziehungsabbruch in Erwägung zieht. Nicht geäußerte Beschwerden stellen aus diesem Grund externe Barrieren des Beschwerdemanagements dar.

Ein Grund dafür, dass sich Personen trotz Unzufriedenheit nicht beschweren (genannt „Unvoiced Complainers"), kann z. B. in einer geringen Erfolgswahrscheinlichkeit liegen. Diese kann auftreten, wenn ein Schaden nicht objektiv nachzuweisen ist und es sich daher um eine Ermessenssache handelt. Des Weiteren kann der (Zeit-)Aufwand einer Beschwerde als zu hoch eingeschätzt werden, als dass eine Beschwerde für die Person lohnend erscheint.[103]

---

101 Vgl. Homburg, Becker & Hentschel (2010), S. 117.
102 Vgl. im Folgenden Stauss & Seidel (2007), S. 30.
103 Vgl. Bruhn (2012), S. 14; Gierl (2000), S. 167 f.

6 Checkliste für die Implementierung eines Beschwerdemanagements

Der Umfang und die Gestaltung eines systematischen Beschwerdemanagements sind vom jeweiligen Unternehmen individuell abhängig. Aus diesem Grund sollten vor der Implementierung folgende Fragen geklärt werden:

- Ist das Unternehmen national oder international tätig?
- Wie viele Mitarbeiter hat das Unternehmen?
- Wie hoch ist der Bekanntheitsgrad des Unternehmens (im Vergleich zu Mitbewerbern)?
- Wie ist das Unternehmen aufgebaut (Struktur, Führungsebenen)?
- Wie gestalten sich die wesentlichen Abläufe im Unternehmen?
- Welche Zielgruppe wird angesprochen? Gibt es unterschiedliche Kundengruppen, die differenziert betrachtet werden sollten?
- Wie werden Beschwerden derzeitig behandelt?

Nach einer Analyse des Ist-Zustands, welcher beispielsweise durch eine Mitarbeiterbefragung festgestellt werden kann, sind entsprechende Maßnahmen einzurichten, die ein effektives Beschwerdemanagement ermöglichen. Die nachfolgende Checkliste dient bei der Implementierung des Prozesses als Hilfestellung. Sie wurde aus den Ergebnissen der Bachelorarbeit abgeleitet, in der ursprünglich der Ist-Zustand einer deutschen Messegesellschaft analysiert und ein Beschwerdemanagementkonzept entwickelt wurde:

Allgemeine Bestimmungen:
- Hat das Ziel „Kundenzufriedenheit" im Unternehmen (ggf. neben anderen Zielen) höchste Priorität?
- Existiert eine einheitliche Definition von Beschwerden für das Unternehmen?
- Sind die Ziele und Aufgaben des Beschwerdemanagements im Unternehmen eindeutig definiert?

- Werden den Mitarbeitern kurzfristige und langfristige Ziele vermitteln, die nachvollziehbar und motivationsfördernd sind?
- Existiert eine kundenorientierte Unternehmenskultur?
- Versteht das Unternehmen Beschwerden als Chance?
- Sind umfassende interne Kommunikationswege vorhanden?
- Werden die Mitarbeiter umfassend über Verfahren und Verantwortlichkeiten unterrichtet?
- Werden die Mitarbeiter für den Umgang mit Beschwerdesituationen trainiert?
- Wird ein kundenorientiertes Problemlösungsverhalten durch Anreizsysteme honoriert?
- Haben die Mitarbeiter Handlungsspielräume zur Lösung von Problemen?
- Gibt es eine Fehlertoleranz im Unternehmen?
- Wird dem Beschwerdemanagementprozess ein großer Einfluss beigemessen?
- Ist die Entscheidung für eine der drei möglichen Organisationsformen (zentral, dezentral, zweistufig) gefallen?
- Sind die Zuständigkeiten innerhalb der Organisationsform eindeutig geklärt?
- Ist geklärt, ob zur Beschwerdebearbeitung ein softwaregestütztes System eingesetzt werden soll?

Direkter Beschwerdemanagementprozess:
- Wurden prägnante Beschwerdewege (z. B. Beschwerdehotline, E-Mail-Adressen, Beschwerdeformulare) eingerichtet?
- Sind die bei einer Beschwerde aufzunehmenden Informationen definiert?
- Gibt es Regeln für die Weiterleitung von Beschwerden?
- Werden Kunden ermutigt, sich bei Unzufriedenheit zu beschweren?
- Fand im Rahmen der Kommunikation der Beschwerdewege eine Kapazitätsplanung statt?
- Werden die eingerichteten Beschwerdekanäle aktiv gegenüber Kunden kommuniziert?

- Erfolgt die Kommunikation allgemein verständlich – national sowie international?
- Gibt es Hilfsmittel für die Annahme von Beschwerden (z. B. Formblätter)?
- Existieren eindeutige Verhaltensregeln für die Reaktion auf Beschwerden?
- Gibt es inhaltliche Vorgaben, z. B. bezüglich der Bestandteile die bei einer Rückmeldung enthalten sein müssen?
- Enthalten die Rückmeldungen individuelle Bestandteile?
- Wurden den Mitarbeitern nützliche Textbausteine zur Verfügung gestellt, die ihnen Beispiele für die Beschwerdebeantwortung aufzeigen?
- Erhalten Beschwerdeführer eine Eingangsbestätigung, Zwischenbescheide sowie eine abschließende Antwort auf ihre Beschwerde?
- Liegen für die Bearbeitung von Beschwerden konkrete zeitliche Handlungsstandards vor?
- Ist die Bearbeitungszeit realistisch und wurden Feiertage sowie Wochenenden berücksichtigt?
- Ist festgelegt, über welches Medium die Reaktion auf eine Beschwerde erfolgen soll?
- Wird die Dringlichkeit der Beschwerden beachtet?

Indirekter Beschwerdemanagementprozess:
- Wird ermittelt, wie viele Personen sich über bestimmte Sachverhalte beschweren?
- Wird die Auswertung differenziert vorgenommen (z. B. nach Kundengruppen, Produkten, Problemen)?
- Werden eingehende Beschwerden einer Ursachenanalyse unterzogen?
- Wird erfragt, ob der Beschwerdeführer mit der Beschwerdelösung zufrieden ist?
- Werden Kennzahlen, wie z. B. die Evidenzquote, ermittelt?
- Wurden Qualitätsdimensionen, Qualitätsindikatoren und Soll-Vorgaben festgelegt?
- Werden Kosten und Nutzen des Beschwerdemanagements erfasst?

- Wird für die Ermittlung der Wirtschaftlichkeit eine Kosten- und Erfolgsrechnung erstellt?
- Wird der Grad der Zielerreichung gemessen und überwacht?
- Wird sowohl die Berichterstattung als auch die Bereitstellung von Informationen berücksichtigt?
- Ist eindeutig festgelegt, an welche internen Bereiche beschwerderelevante Informationen weitergeleitet werden?
- Bestehen klare Definitionen in Bezug auf Inhalt, Form und Detailierungsgrad der Beschwerdeinformationen?
- Gibt es einen bereichsübergreifenden Zugriff auf Beschwerdeinformationen?
- Wurden Qualitätszirkel/-verbesserungsteams, ein Kundenwissensmanagement oder ähnliche Maßnahmen implementiert?
- Werden die in Beschwerden enthaltenen Informationen für Qualitätsverbesserungen genutzt?

7   Fazit

Der verstärkte Wettbewerbsdruck, ausgelöst durch die stetige Globalisierung, erfordert ein kundenorientiertes Auftreten, um am Markt bestehen zu können. Der beschriebene systematische Beschwerdemanagementprozess stellt in diesem Zusammenhang eine Lösung für gefährdete Kundenbeziehungen dar, die mithilfe des Prozesses stabilisiert werden sollen. Die Nutzung der in Beschwerden enthaltenen Informationen ermöglicht dabei außerdem Qualitätsverbesserungen und kann zu Leistungssteigerungen im Unternehmen führen. Für eine Optimierung des Beschwerdemanagementprozesses in Unternehmen sollte zunächst der Ist-Zustand ermittelt und ein der Struktur entsprechendes Konzept entwickelt werden. Durch dessen Umsetzung können Unternehmen Kunden binden und schließlich Wettbewerbsvorteile generieren.

Literaturverzeichnis

Barlow, J. & Møller, C. (2003): Eine Beschwerde ist ein Geschenk, Frankfurt.

Becker, U. & Eder, A. (2010): Wie sollte ein Beschwerdemanagement aufgebaut sein?. In: Ratajczak, O. (Hrsg.): Erfolgreiches Beschwerdemanagement,

Wiesbaden, S. 33-45. Brock, C. (2009): Beschwerdeverhalten und Kundenbindung, Dissertation, Universität Münster.

Bruhn, M. (2011): Relationship Marketing, 2. Aufl., München.

Bruhn, M. (2012): Kundenorientierung, 4. Aufl., München.

Budzinski, O. & Kerber, W. (2003): Megafusionen, Wettbewerb und Globalisierung, Stuttgart.

Burger, J. (2012): Keine Angst vor Social Media. In: http://www.onlinehaendler-news.de/2012/02/17/keine-angst-vor-social-media/. Zugriff am 20.07.2012.

Cerwinka, G. & Schranz, G. (2009): Wenn der Kunde laut wird, Wien.

Detroy, E.-N., Behle, C. & vom Hofe, R. (2007): Handbuch Vertriebsmanagement, Landsberg am Lech.

Erlbeck, K. (2004): Beschwerdemanagement, Göttingen.

Erler, B. (2010): Was erfordert ein messespezifisches CRM-System?. In: Trade Fairs International 1/2010, S. 40.

Fahje, T. (2010): Beschwerdemanagement am Beispiel der Thomas Cook AG. In: Kramer, J. W.& Neumann-Szyska, J. (Hrsg.): Neue Entwicklungslinien im Dienstleistungsmarketing, Bremen, S. 409-439

Gardini, M. A. (2004): Marketing-Management in der Hotellerie, München.

Geiger, I. & Kleinaltenkamp, M. (2011): Instrumente des Geschäftsbeziehungsmanagements. In: Kleinaltenkamp, M. et al. (Hrsg.): Geschäftsbeziehungsmanagement, 2. Aufl., Wiesbaden, S. 195-254.

Gerdes, J. (2010): Kundenbindung durch Dialogmarketing. In: Bruhn, M. & Homburg, C. (Hrsg.): Handbuch Kundenbindungsmanagement, 7. Aufl., Wiesbaden, S. 471-490.

Gierl, H. (2000): Beschwerdemanagement als Bestandteil des Qualitätsmanagement. In: Helm, R. & Pasch, H. (Hrsg.): Kundenorientierung durch Qualitätsmanagement, Frankfurt a. M., S. 149-189.

Haas, B. & von Troschke, B. (2007): Beschwerdemanagement, Offenbach.

Haeske, U. (2001): Beschwerden und Reklamationen managen, Weinheim und Basel.

Hedemann, F. (2012): Nach dem Shitstorm ist vor der nächsten Krise: Learnings aus dem WWF-Shitstorm. In: http://t3n.de/news/shitstorm-nachsten-krise-396717/. Zugriff am 27.07.2012.

Hofbauer, G. & Hellwig, C. (2009): Professionelles Vertriebsmanagement, 2. Aufl., Erlangen.

Hofbauer, G. & Rau, D. (2011): Professionelles Kundendienstmanagement, Erlangen. Hofbauer, G. & Schöpfel, B. (2009): Professionelles Kundenmanagement, Erlangen.

Homburg, C. & Fürst, A. (2003): Ernstfall Beschwerde. In: markenartikel 5/2003, S. 12-18.

Homburg, C., Becker, A. & Hentschel, F. (2010): Der Zusammenhang zwischen Kundenzufriedenheit und Kundenbindung. In: Bruhn, M. & Homburg, C. (Hrsg.): Handbuch Kundenbindungsmanagement, 7. Aufl., Wiesbaden, S.111-144.

Hubschneider, M. (2007): Was ist CRM? Ist CRM ein neues Wundermittel?. In: Hubschneider, M. & Sibold, K. (Hrsg.): CRM – Erfolgsfaktor Kundenorientierung, 2. Aufl., Planegg/ München, S. 12-13.

Jeschke, K. (2005): Beschwerdemanagement – Grundlagen und Konzepte. In: Kukat, F. (Hrsg.): Beschwerdemanagement in der Praxis, Düsseldorf, S. 11-46.

Kleinschmidt, N. (2005): Beschwerdemanagement – Prozesse und Instrumente. In: Kukat, F. (Hrsg.): Beschwerdemanagement in der Praxis, Düsseldorf, S. 75-100.

Köhler, T. (2009): Präventionsmaßnahmen des Beschwerdemanagements gegen Kundenabwanderung. In: Link, J. & Seidl, F. (Hrsg.): Kundenabwanderung, Wiesbaden, S. 313-329.

Meffert, H. & Bruhn, M. (2009): Dienstleistungsmarketing, 6. Aufl., Wiesbaden.

Meffert, H., Burmann, C. & Kirchgeorg, M. (2012): Marketing, 11. Aufl., Wiesbaden (Gabler).

Mende, M. (2006): Strategische Planung im Beschwerdemanagement, Wiesbaden.

Niefind, F. & Wiegran, A. (2010): Was sind Beschwerden?. In: Ratajczak, O. (Hrsg.): Erfolgreiches Beschwerdemanagement, Wiesbaden, S. 19-32.

o. V. (2012a): Im sozialen Web mangelt es an Kundenservice. In: http://www.absatzwirtschaft.de/content/online-marketing/news/_b=71556,_p=1003186,_t=fthighlight,highlightkey=Beschwerden. Zugriff am 03.07.2012.

o. V. (2012b): Unternehmen reagieren kaum auf Kritik in den sozialen Netzwerken. In: http://www.absatzwirtschaft.de/content/online-marketing/news/_b=76286,_p=1003186,_t=fthighlight,highlightkey=Beschwerdemanagement. Zugriff am 03.07.2012.

Pfeifer, T. (2001): Qualitätsmanagement, 3. Aufl., München/ Wien.

Pracht, S. (2003): Umsetzung mangelhaft. In: acquisa März 2003, S. 48.

Rothlauf, J. (2010): Total Quality Management in Theorie und Praxis, 3. Aufl., München.

Schulze, H. S. & Jeschke, K. (2005): Beschwerdemanagement und internes Marketing. In: Kukat, F. (Hrsg.): Beschwerdemanagement in der Praxis, Düsseldorf, S. 167-190.

Stauss, B. (2010): Kundenbindung durch Beschwerdemanagement. In: Bruhn, M. & Homburg, C. (Hrsg.): Handbuch Kundenbindungsmanagement, 7. Aufl., Wiesbaden, S. 411-438.

Stauss, B. (2011): Feedbackmanagement. In Hippner, H., Hubrich, B. & Willde, K. D. (Hrsg.): Grundlagen des CRM, 3. Aufl., Wiesbaden, S. 441-474.

Stauss, B. & Seidel, W. (2007): Beschwerdemanagement, 4. Aufl., München.

Wiegran, G. & Harter, G. (2002): Kundenfeedback im Internet, Wiesbaden.

BESUCHERGERICHTETES DATABASE-MARKETING IN DER MESSEWIRTSCHAFT

Lisa Ruetz

Inhaltsverzeichnis

Abbildungsverzeichnis

1 Einleitung

Ein Zitat von David Ogilvy, britischer Werbetexter, verdeutlicht die heutzutage immer stärker werdende Werbeintensität und die damit verbundenen Schwierigkeiten der Unternehmen bei potentiellen Kunden Gehör zu finden:

> *„You aren't advertising to a standing army; you are advertising to a moving parade."*[1]

Die Zielgruppe wartet nicht auf Werbung, sondern muss in ihrem eigenen bewegten und schnelllebigen Alltag erreicht werden. Die zunehmende Wettbewerbsdynamik und Wettbewerbsintensität führen in Verbindung mit der beschleunigten Verbreitung von innovativen Informations- und Kommunikationstechnologien zu einem immer stärker ausgeprägten interaktionsorientierten Marketingverständnis. Insbesondere die direkte und intensivierte Kundenbeziehung ermöglicht heutzutage immer mehr Unternehmen die Erzielung herausragender Wettbewerbsvorteile.[2]

Mit dem Trend hin zu spezialisierten Fachmessen, einer verschärften Wettbewerbssituation und den neuen technischen Möglichkeiten gewinnt die zielgruppenspezifische Besucheransprache durch Direktmarketing auch in Messeunternehmen zunehmend an Bedeutung. Die gezielte Umwerbung von branchenrelevanten Besuchergruppen ist schließlich ein wesentlicher Teil des Leistungsversprechens eines Messeveranstalters gegenüber den ausstellenden Unternehmen. Wollen Messegesellschaften einen Ort von konzentriertem Angebot und Nachfrage schaffen, müssen sie die Zielgruppen der Aussteller als ihre eigenen Zielgruppen definieren und für eine zielgerichtete Ansprache sorgen.[3] Wesentliche Grundlage für gezielte Besucherwerbung mithilfe des Direktmarketings ist die Kenntnis über die potentiellen Kunden und der Besitz der Kundendaten. An diesem Punkt setzt das Database-Marketing an.

Ein großer Teil der deutschen Messegesellschaften erhebt bereits Besucherdaten, z. B. durch den Ticket-Vorverkauf oder die Besucherregistrierung an den

---

1 Ogilvy (o. J.), o. S.
2 Vgl. Wirtz (2009), S. V.
3 Vgl. Koller (2008), S.14.

Eingängen. Oftmals können die Besucherdaten aber nicht in ausreichendem Maße genutzt werden, da sie entweder nicht digitalisiert und physisch gelagert werden oder in externen Datenbanken von Dienstleistern gespeichert sind. So können Kosten, die durch das Erheben der Daten entstehen, nicht sinnvoll reinvestiert werden. Die Daten sind zwar vorhanden, aber die Möglichkeiten der Nutzung sind begrenzt und implizieren den ständigen Kontakt zu externen Dienstleistern. Durch die Streuung der Daten über mehrere Datenbanken und Dienstleister hinweg, stellt sich außerdem die Frage des Datenschutzes und der Datenhoheit.

Es findet also keine Wertschöpfung aus den gesammelten Kundendaten statt, obwohl zu erwarten ist, dass eine Besucherdatenbank aus kommunikativer wie organisatorischer Hinsicht hohe Potentiale und Chancen für Messegesellschaften bereithält.

2 Definitionen und Grundlagen

2.1 Die Zielgruppen von Messen

Die vorrangigen Anspruchsgruppen einer Messe sind Aussteller und Besucher. Daneben gehören Medienvertreter, Absatzmittler, Vertreter von Wissenschaft und Forschung, Verbände, Dienstleister und Partner, Mitarbeiter und die Öffentlichkeit zur erweiterten Zielgruppe einer Messe.[4]

Den Stellenwert der Besucher verdeutlicht Beuermann:

„Messen werden primär für die Besucher gemacht, denn Aussteller beteiligen sich nur, wenn genügend und ‚richtige‘ Besucher anwesend sind."[5]

Als Fachbesucher werden jene bezeichnet, die eine Veranstaltung aus überwiegend beruflichem Interesse besuchen.[6] Sie unterscheiden sich im Wesentlichen durch die Merkmale Branchenherkunft, Position und Partizipation an Entscheidungsprozessen im Unternehmen.[7] Ihre Hauptmotive für den Besuch einer Messe sind das Informationsmotiv, das Beschaffungsmotiv und das Kaufmotiv.[8]

Im Umkehrschluss werden Besucher von Messen, die eine Veranstaltung aus überwiegend privatem Interesse besuchen, als Privatbesucher bezeichnet. Privatbesucher sind im Wesentlichen die Besucher von Ausstellungen bzw. Verbraucherausstellungen, oft auch Verbraucher- oder Publikumsmessen genannt.

Motive der Privatbesucher sind häufig die Gelegenheit „bequem und unverbindlich ein vielfältiges Angebot zu prüfen, gleichartige Erzeugnisse an Ort und Stelle zu vergleichen und sich Neuheiten erklären und vorführen zu lassen."[9]

Bei der Definition der Kernzielgruppen orientieren sich die Veranstalter in erster Linie an soziodemografischen Merkmalen. Hierfür kann der jeweilige

---

4 Vgl. Peters (1992), S. 62 f.
5 Beuermann (1977), S. 3.
6 Vgl. Goschmann (2000), S. 56.
7 Vgl. Peters (1992), S. 66.
8 Vgl. Häberle (1967), S. 68.
9 Boerner (1976), S. 30.

FKM[10]-Strukturtest herangezogen werden.[11] Anhand von soziodemographischen Merkmalen (z. B. Wohngegend oder Alter) können Rückschlüsse auf die Kaufkraft der Privatperson gezogen werden, die bei Verbrauchermessen eine übergeordnete Rolle spielt. [12]

2.2 Database-Marketing im Marketing-Mix

Der Begriff des Database-Marketings ist aus dem Englischen als „datenbankgestütztes Marketing" zu übersetzen, was den Kerninhalt einer Großzahl der Definitionen subsummiert.[13] In Anlehnung an diverse Experten auf dem Feld des Database-Marketings, ist dieses zu verstehen als ein datenbankgestützter Prozess zur maßgeschneiderten Ansprache einzelner Kundengruppen und -segmente, auf Basis von individuellen Kundeninformationen, die in einer Datenbank gespeichert sind. Ziel des Database-Marketings ist es, diese Kundeninformationen bestmöglich zur Kundenkommunikation zu nutzen und den bisherigen Prozess mithilfe von zusätzlich gewonnenen Erfahrungen und Informationen, im Sinne eines Regelkreises, kontinuierlich zu verbessern.[14]

Im Marketing-Mix kann es als Instrument der Kommunikationspolitik angesehen werden. Das Database-Marketing erweitert das Direktmarketing um die Komponente der bereitgestellten Informationen aus der Datenbank sowie der kontinuierlichen Pflege und Erweiterung dieser Informationen.

Kroeber-Riel merkt an, dass die Differenzierung v. a. durch die Kommunikation erreicht wird, sobald die sachliche und funktionale Qualität der angebotenen Güter mehr oder weniger austauschbar ist.[15] Insbesondere für Dienstleistungsunternehmen ist die Differenzierung des Leistungsangebots und die Abgrenzung zum Wettbewerb daher eminent wichtig. So kann vor dem Zustandekommen der Dienstleistung durch kommunikative Beeinflussung die Immaterialität dieser überwunden und der externe Faktor Kunde miteinbezogen werden.

---

10   FKM = Freiwillige Kontrolle von Messezahlen
11   AUMA (2001), S. 53.
12   AUMA (2001), S. 53.
13   Vgl. Huldi & Kuhfuß (2002), S. 331.
14   Vgl. Schüring (1991), S. 101; Kittlaus (2001), S. 12-13; Link & Hildebrand (1997a), S.19; Tapp (2008), S. 4; Elsner (2003), S. 80.
15   Vgl. Kroeber-Riel (1995), S. 2694.

Database-Marketing ist aber keinesfalls nur auf die Übermittlung von individualisierten Werbebotschaften beschränkt, sondern stellt durch die datenbankgestützte Auswertung von Kundendaten auch für Vertriebs-, Preis- und Produktpolitik Informationen bereit.

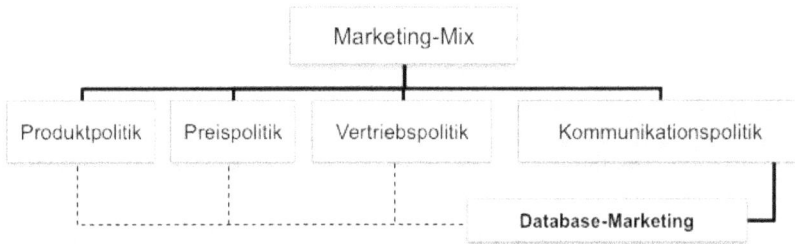

Abbildung 1: Einordnung des Database-Marketings in den Marketing-Mix
Quelle: Eigene Darstellung

3 Die Grundfunktionen des Database-Marketings

3.1 Der Regelkreis des Database-Marketings

Das Database-Marketing wird in unterschiedlichen Quellen als Regelkreis dargestellt, in dessen Zentrum das Database-Marketing-System, also die Datenbank, steht.[16]

Der Regelkreis beginnt mit einer Analyse der vorhandenen Daten und Informationen. Im Anschluss daran werden die Ziele, die anvisierten Zielgruppen und die Marketing-Strategie des Unternehmens geplant.[17] Dies resultiert in der Durchführung der eigentlichen Kampagne, meist in Form von kundengerichteten Direktmarketing-Aktionen. Anschließend werden die Reaktionen des Marktes und der Kundengruppen detailliert erfasst, erneut analysiert und in die Datenbank eingespeist. Daraus können Schlussfolgerungen für den Verlauf der nächsten Kampagne gezogen werden.

Das Database-Marketing stellt demnach einen permanenten, systematischen Prozess dar. Das permanente Durchlaufen des Regelkreises führt zu einem Lernprozess, der es dem Unternehmen erlaubt, durch gewissenhafte Erfassung der Reaktionen, durch Analyse und Neukonzeption, eine stetige Verbesserung der Marketing-Aktivitäten herbeizuführen.[18] Diese Lernprozesse des Database-Marketings führen u. a. dazu, dass sich mit zunehmender Erfahrung Zielgruppengrößen von beispielsweise 100.000 Kontakten auf 500 potentielle Kunden verringern. Dies vermindert Streuverluste und macht Direktmarketing-Aktionen effektiver und zielgerichteter.[19]

---

16 Vgl. Kittlaus (2001), S. 13 f.; Löffler & Scherfke (2000), S. 65; Poscharsky (2004), S. 316f.; Link & Grandjot (2006), S.347 f.; Huldi & Kuhfuß (2002), S. 331 f.; Mülder (2002),S. 233 f.; u. a.
17 Vgl. Huldi & Kuhfuß (2002), S. 332.
18 Vgl. Huldi & Kuhfuß (2002), S. 332.
19 Vgl. Poscharsky (2004), S. 317; Mülder (2002), S. 233 f.

Abbildung 2: Der Regelkreis des Database-Marketing
Quelle: Rudolph & Rudolph (2000), S. 77; Kittlaus (2001), S. 13 f.; Löffler & Scherfke (2000), S. 65; Poscharsky (2004), S.316 f.; Link & Grandjot (2006), S. 347 f.; Link & Hildebrand (1997), S. 19 f.

3.2 Inhalt der Datenbank: Kundendaten

Grundlegende Voraussetzung für erfolgreiches Database-Marketing ist die systematische Sammlung und Speicherung aller relevanten Kundenund Interessenten-Daten in der Datenbank.[20] Die Informationsinhalte einer Kundendatenbank können eine hohe Vielfältigkeit aufweisen und hängen im Einzelfall mitunter von der Branche, dem Geschäftsfeld und den anvisierten, spezifischen Zielen und Anwendungsgebieten ab.[21]

---

20 Vgl. Huldi & Kuhfuß (2002), S. 333.
21 Vgl. Rudolph & Rudolph (2000), S. 81.

Allgemein kann innerhalb des Informationsspektrums zwischen Grund-, Potential-, Aktions- und Reaktionsdaten unterschieden werden.[22] Dieses Modell der Informationsgruppen und Datenfelder innerhalb einer Datenbank wird in der Literatur auch als „G-P-A-R-Modell"[23] bezeichnet[24] und liefert einen Anhaltspunkt zur Strukturierung von Kundendatenbanken.

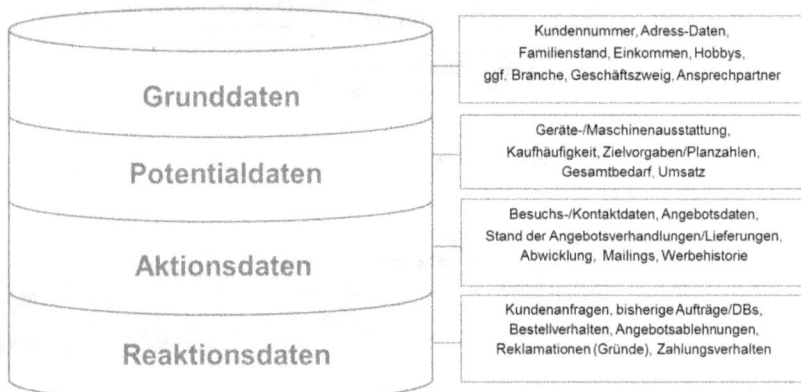

Grunddaten	Kundennummer, Adress-Daten, Familienstand, Einkommen, Hobbys, ggf. Branche, Geschäftszweig, Ansprechpartner
Potentialdaten	Geräte-/Maschinenausstattung, Kaufhäufigkeit, Zielvorgaben/Planzahlen, Gesamtbedarf, Umsatz
Aktionsdaten	Besuchs-/Kontaktdaten, Angebotsdaten, Stand der Angebotsverhandlungen/Lieferungen, Abwicklung, Mailings, Werbehistorie
Reaktionsdaten	Kundenanfragen, bisherige Aufträge/DBs, Bestellverhalten, Angebotsablehnungen, Reklamationen (Gründe), Zahlungsverhalten

Abbildung 3: G-P-A-R-Modell: Informationsfelder einer Kundendatenbank
Quelle: Rudolph & Rudolph (2000), S. 82; Link & Grandjot (2006), S. 358; Löffler & Scherfke (2000), S. 62.

Je mehr relevante Informationen gespeichert werden, desto präziser und gezielter kann eine anschließende Analyse oder Segmentierung durchgeführt werden.[25]

Daher steht die Erhebung relevanter Kundendaten notwendigerweise am Anfang jeglicher Form der Kundenanalyse. Dabei ist eine breite Datengrundlage unersetzlich, denn nur so kann von zuverlässigen und von zufallsbedingten Einflüssen bereinigten Datenbeständen ausgegangen werden.[26]

Die Erhebung geeigneter Kundendaten spielt eine übergeordnete Rolle im Database-Marketing. Für Unternehmen bieten sich heutzutage unzählige

---

22 Vgl. Neumann (2005), S. 41; Löffler & Scherfke (2000), S. 62 ; Rudolph & Rudolph (2000), S. 81; u. a.
23 G-P-A-R = Grunddaten – Potentialdaten – Aktionsdaten – Reaktionsdaten.
24 Vgl. Rudolph & Rudolph (2000), S. 81.
25 Vgl. Löffler & Scherfke (2000), S. 59.
26 Vgl. Neumann (2005), S. 40.

Möglichkeiten, Kundendaten zu erheben, zu verarbeiten und anschließend für das Marketing einzusetzen.[27]

Grundsätzlich sollten in einer Datenbank alle Informationen gesammelt werden, die für spezifische Marketingaktivitäten gegenüber dem einzelnen Kunden von Bedeutung sind.[28] Demnach sind solche Informationen von Interesse, die geeignet erscheinen Zielpersonen für konkrete Informations- und Leistungsangebote zu identifizieren, eine Aussage über den Wert oder die Investitionswürdigkeit des Kunden zu treffen, die bisherigen Interaktionen zuverlässig abzubilden und damit Erfolgskontrolle und Prognosen unterstützen zu können.[29]

Bei der Erhebung von Kundendaten ist unbedingt zu beachten, dass diese bestimmte Kriterien erfüllen.[30] Zehetbauer spricht dabei vorrangig von vier Kriterien:[31]

• Zeitstabilität: Die Daten müssen für einen relevanten Zeitraum gültig sein.
• Verfügbarkeit: Die Daten müssen für die Datenbank aktivierbar sein.
• Angebotsrelevanz: Die zu erhebenden Daten müssen einen möglichst direkten Bezug zum Verkaufsprogramm des Unternehmens haben.
• Kosten-Nutzen-Verhältnis: Die Daten müssen sich hinsichtlich ihrer Anschaffungskosten in einem betriebswirtschaftlich vertretbaren Rahmen halten.

Bei der Datenerhebung wird grundsätzlich zwischen externen und internen Datenquellen[32] unterschieden, die sich nach den Gruppen Eigenerhebung und Fremdbeschaffung typologisieren lassen.

Quellen der Eigenerhebung sind Informationsquellen des eigenen Unternehmens (Warenwirtschaft, Einkauf, Rechnungswesen sowie Vertriebsinnendienst und -außendienst), Direktmarketing-Aktionen mit Response- Elementen (Mailings mit Antwortmedien, Kataloge mit Bestellformular, Gewinnspiele) sowie

---

27   Vgl. Walter (2011), S. 213.
28   Vgl. Link & Hildebrandt (1994), S. 5.
29   Vgl. Kreutzer (1992), S. 332.
30   Vgl. Löffler & Scherfke (2000), S. 60.
31   Vgl. Zehetbauer (1997), S. 7.
32   Vgl. Löffler & Scherfke (2000), S. 65.

der persönliche Kontakt.[33] Im Idealfall werden Kundendaten persönlich und freiwillig durch den Kunden preisgegeben. Dabei sind jedoch häufig materielle Anreize notwendig, wie sie bei Gewinnspielen vorliegen.[34] Des Weiteren sind hier Kundenkarten-Systeme, Kundenclub-Konzepte und die Freundschaftswerbung zu nennen.[35]

Die Eigenerhebung von Adressen stößt allerdings bei enorm großen Kundengruppen an ihre Grenzen. In solchen Fällen kann es wirtschaftlicher sein, sich für eine Fremdbeschaffung der Kundendaten zu entscheiden.[36]

Quellen der Fremdbeschaffung sind Verbands- und Kammerdatenbanken, Messe-Kataloge, Zeitschriften, Verlage sowie Adressdatenbanken von Adressbrokern.[37]

In Abbildung 4 werden Vor- und Nachteile der beiden Beschaffungsarten gegenübergestellt.

---

33 Vgl. Löffler & Scherfke (2000), S. 68 f.; Rudolph & Rudolph (2000), S. 93 f.
34 Vgl. Wirtz (2009), S. 61.
35 Vgl. Löffler & Scherfke (2000), S. 68 f.; Rudolph & Rudolph (2000), S. 93 f.
36 Vgl. Löffler & Scherfke (2000), S. 68.
37 Vgl. Böhler & Riedl (1997), S. 70; Wirtz (2009), S. 62.

	Eigenbeschaffung	Fremdbeschaffung
+	Der einzelne Datenwert kann besser beurteilt und klassifiziert werden	Schnelle und kurzfristige Verfügbarkeit durch Kauf/Miete der Daten
+	Kontrolle über Ort und Zeitpunkt der einzelnen Datenerhebungen ist gegeben und kann in der Datenbank berücksichtigt werden	Aus dem Stand heraus kann eine Database mit großen Datenmengen erstellt bzw. angereichert werden
+	Daten können zielgerichteter und in genau bestimmbarer Qualität erhoben werden	
+	Das Risiko der Fehlstreuung ist aufgrund der hohen Datenqualität gering	
-	Die Datenbeschaffung und -sammlung ist sehr aufwändig und daher kostenintensiv	Geringe Kontrollmöglichkeiten hinsichtlich der Qualität der Daten
-	Der Aufbau der Database geht langsam voran, da die Form der eigenen Datenerhebung erheblich zeitaufwändiger ist als der Kauf von Adressen.	Aufgrund der obigen Unsicherheitsfaktoren besteht ein hohes Risiko der Fehlstreuung, welches sich insbesondere bei kostenintensiven Aktionen negativ auswirkt

Abbildung 4: Eigen- oder Fremdbeschaffung von Kundendaten
Quelle: Eigene Abbildung in Anlehnung an Löffler & Scherfke (2000), S. 66; Rudolph & Rudolph (2000), S. 94.

Im zweiten Schritt werden die erhobenen Daten verarbeitet und somit in eine für das Unternehmen nützliche Form gebracht oder an bereits vorhandene Kundendaten in der Datenbank angepasst. Die Klassifizierung der Kundendaten dient dabei der zielgerichteten und individuellen Zielgruppenansprache. So können unterschiedliche Kundengruppen mit unterschiedlichen Maßnahmen erreicht oder die Intensität der Kundenbetreuung variiert werden, um sie an die Anforderungen und Bedürfnisse des jeweiligen Kundensegments anzupassen.

Im Folgenden werden die wesentlichen Methoden für eine bessere Übersichtlichkeit in zwei Untergruppen kategorisiert.

Die leistungsbasierte, monetäre Klassifikation wird anhand von Kennzahlen wie Deckungsbeitrag, Umsatz, Kundenzufriedenheit und Reaktionsquote berechnet und soll Aufschluss über die (potentielle) monetäre Relevanz des Kunden für das Unternehmen geben. Da allgemein davon ausgegangen werden kann, dass Unternehmensressourcen begrenzt sind, ist der Einsatz der Mittel auf diejenigen Geschäftsbeziehungen zu konzentrieren, die in besonderem Maße zur Erreichung der Unternehmensziele beitragen und somit die besten Resultate erzielen können.[38] Beispiele für diese Art der Klassifizierung sind die Rangfolgen-Klassifizierung, ABC-Analyse, die Kundenumsatzanalyse und die Kundendeckungsbeitragsanalyse.

Die Verfahren der merkmalsbasierten Klassifikation beziehen sich auf bestimmte Persönlichkeitsmerkmale der Kunden, wie Wohnort, Alter, Beruf, Familienstand oder die Besitz- und Eigentumsverhältnisse, und werden v. a. in heterogenen B2C-Märkten und bei großen Datenmengen angewandt. Dies ermöglicht Segmentbildung, die eine zielgruppenspezifische Ansprache oder das Untersuchen der Kundengruppe auf Marktpotentiale in Bezug auf Produktneuentwicklungen oder Cross-Selling-Potentiale ermöglichen. Beispiele für die merkmalbasierte Klassifikation können die Segmentierung, die mikrogeografische Segmentierung und das Bilden von Clustern sein.

Während die monetären, leistungsbasierten Bewertungen in die Vergangenheit gerichtet sind, liefern die merkmalsbasierten Klassifikationen oftmals Prognosen und Potentiale für die Zukunft.

---

38   Vgl. Plinke (1989), S. 309.

3.3 Aufgaben und Funktionen von Datenbanken und Database-Marketing im DL- und Messebereich

Die besondere Relevanz des Database-Marketings für den Dienstleistungsbereich liegt in erster Linie in den Besonderheiten der Leistungserstellung begründet, da Dienstleistungen naturgemäß eine höhere Kontaktintensität erfordern.[39] Dienstleistungen sind dadurch gekennzeichnet, dass sie selbständige, marktfähige Leistungen darstellen, die im Rahmen des Erstellungsprozesses an externen Faktoren geleistet werden. Ziel der Dienstleistungen ist es, an den externen Faktoren (z. B. Kunde) und deren Objekten (z. B. Auto des Kunden) nutzenstiftende Wirkungen (z. B. Inspektion des Autos) zu erzielen.[40] Da sich die Dienstleistung am externen Faktor konkretisiert, können dessen Eigenschaften den Leistungserstellungsprozess und die Leistung beeinflussen. Daher ist bei Dienstleistungen v. a. die Fähigkeit und Bereitschaft der Nachfrager, positiv auf das angestrebte Ergebnis hinzuwirken, von eminenter Bedeutung. Um das vom Kunden erwartete Ergebnis zu erreichen, ist es für Dienstleister enorm wichtig, eine möglichst umfassende Kenntnis über die leistungsrelevanten Eigenschaften des Kunden bzw. des externen Faktors zu erlangen.[41]

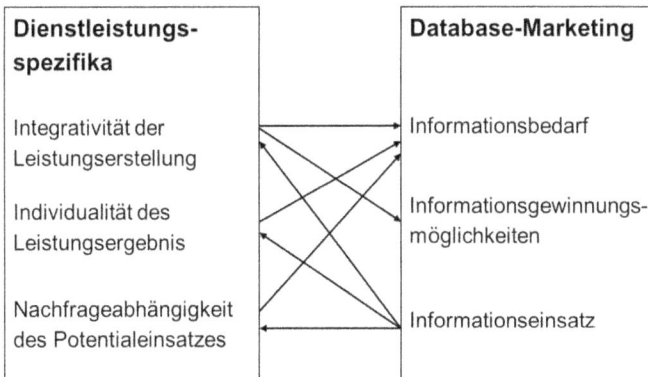

Dienstleistungs-spezifika	Database-Marketing
Integrativität der Leistungserstellung	Informationsbedarf
Individualität des Leistungsergebnis	Informationsgewinnungsmöglichkeiten
Nachfrageabhängigkeit des Potentialeinsatzes	Informationseinsatz

Abbildung 5: Einfluss der Dienstleistungsspezifika auf das Database-Marketing
Quelle: Büttgen (2000), S. 336.

---

39 Vgl. Büttgen (2000), S. 334.
40 Vgl. Meffert & Bruhn (2012), S. 25.
41 Vgl. Büttgen (2000), S. 335.

In der Messebranche werden Datenbanken bereits im Bereich der Ausstellerbetreuung eingesetzt. Vorrangige Aufgaben sind dabei die Speicherung aktueller und potentieller Aussteller, Erfassung der eingegangenen Aufträge und Bestellungen, Segmentierung der einzelnen Unternehmen nach den jeweiligen, relevanten Messeveranstaltungen, Segmentierung nach Ausstellerpotential, Dokumentation über Teilnahme an Konkurrenzmessen, Dokumentation der Vertriebstätigkeit, der persönlichen Gespräche, versendeten Werbemittel und sonstigen Werbemaßnahmen.

Doch auch im Bereich des Business Development und der Marktforschung stellt die Ausstellerdatenbank eine wichtige Datengrundlage dar, die Potentiale für neue Messethemen oder Wachstumspotentiale im Ausland erkennen lassen kann.

Aufgaben und Funktionalitäten der Ausstellerdatenbanken haben sich über die Jahre kontinuierlich entwickelt und können heute konkrete Informationen zur aktuellen Standverplanung, vermieteten Hallenfläche oder zum aktuellen Anmeldestand im jeweiligen Vergleich zu den Vorjahren auswerten. Des Weiteren gewährleisten die Datenbanken eine effiziente Abrechnung von Standflächen und Nebenleistungen, sowie eine Einbindung in das Buchhaltungssystem inklusive möglicher erforderlicher Mahnverfahren.[42] Die Anbindung an das Buchhaltungssystem erlaubt es beispielsweise, die Freigabe von Ausstellerausweisen erst nach Zahlungseingang zu erteilen. Ein etwaiges Online-Portal zur Bestellung von Gastkarten und zur Buchung von Werbeflächen oder sonstigen Nebenleistungen, ist direkt mit der Kundendatenbank verknüpft und fügt online gekaufte Leistungen unmittelbar der Rechnung hinzu.

Während Ausstellerdatenbanken flächendeckend eingesetzt werden, gibt es im Bereich Besucherdatenbanken unter den Messeveranstaltern oder Messegesellschaften noch erhebliche Unterschiede. Während einige Messegesellschaften seit Jahren eine Besucherdatenbank im Einsatz haben, stehen andere erst am Anfang ihrer Überlegungen oder sehen eine Besucherdatenbank als nicht notwendig an.

---

42 Vgl. Weinberg (1997), S. 794.

4 Chancen und Risiken des Database- Marketings

4.1 Direktmarketing und Werbung

Zur Unterstützung des Direktmarketing-Prozesses bedarf es einer qualitativ hochwertigen Datenbasis. Anhand statistischer Auswertungen in der Datenbank werden ungenutzte Potentiale im Markt identifiziert. Die dadurch ermittelten Adressdaten lassen sich anschließend systematisch und stufenweise weiterqualifizieren, so dass die Ansprache mittels unterschiedlicher, individueller Kommunikationsmittel erfolgen kann. Dieses Verfahren gewinnt zunehmend an Bedeutung, da sich Kunden bei übersandten Informationen, die tatsächlich in ihrem Interessensbereich liegen, seltener von den Werbeinformationen gestört fühlen.[43] Ein weiterer Vorteil dieser Methode ist, dass dadurch mit geringen Streuverlusten zu rechnen ist und (Folge-)Kosten nur dort entstehen, wo es ökonomisch zu rechtfertigen ist.[44] Durch die Aktionsdaten in der Kundendatenbank lassen sich alle Marketing-Aktionen den einzelnen Kunden zuordnen und darüber hinaus monetär bewerten. Zieht man zur Betrachtung der einzelnen Kunden nun noch die Reaktionsdaten hinzu, so lassen sich ex post der jeweiligen Aktion die entsprechenden Reaktionen zuordnen. Sind die Reaktionen monetär zu bewerten, kann auf diesem Wege bereits ein Return-On- Investment (ROI) berechnet werden, um die Aktionen dahingehend zu überprüfen, ob sie sich „gerechnet haben".[45]

Im Bereich der klassischen Werbung, z. B. Außenwerbung, Anzeigen und Radio-Spots, kann durch Besucheranalyse ebenfalls zielgenauer geworben werden. Die Herkunft der registrierten Besucher einer Messe kann Aufschluss darüber geben in welchen Gebieten die Außenwerbung wirksam war. So könnten die Werbeausgaben verringert werden, indem verstärkt in Regionen geworben wird, in denen die Zielgruppe verortet wird. Hierfür kann die mikrogeographische Segmentierung herangezogen werden.

---

43   Vgl. Stone, Bond & Foss (2004), S. 123.
44   Vgl. Huldi & Kuhfuß (2002), S. 336.
45   Vgl. Link & Grandjot (2006), S. 364 f.

4.2 Kundenbindung und Customer Relationship Management

Die Bedeutung des Customer Relationship Management (CRM) in Unternehmen lässt sich u. a. durch die nachgewiesene positive Korrelation zwischen dem Aufbau langfristiger Anbieter-Nachfrager-Beziehungen und dem Unternehmenserfolg begründen.[46]

Speziell in der Messebranche ist dies von hoher Bedeutung, denn der Kunde kann aufgrund der Immaterialität keine Qualitätskontrolle durchführen oder sich haptisch von den positiven Eigenschaften des „Produkts Messe" überzeugen. An dieser Stelle setzt das CRM an und entfaltet zeitgleich sein größtes Potential. Durch den Aufbau einer Beziehung zwischen Kunde und Veranstalter entsteht ein kundenseitiges Vertrauen, das die Immaterialität der Dienstleistung Messe überwinden kann. Ziel des CRM ist die Herstellung, Aufrechterhaltung und Nutzung erfolgreicher Beziehungen zu einzelnen Kunden[47] und die Herstellung einer Win-Win-Situation: Auf der Seite des Kunden soll eine optimale Bedarfsdeckung erreicht werden, die dem Unternehmen im besten Fall gleichzeitig zu optimalen Erlösen verhilft.[48] Langfristig soll das Unternehmen in der Lage sein, Kundenwünsche zu prognostizieren und in die Planungen einzubeziehen.[49]

4.3 Synergien und Cross-Selling-Potentiale

Das volle Potential einer Besucherdatenbank kann sich nur dann vollständig entfalten, wenn abteilungsübergreifend Synergien hinsichtlich des Messeportfolios entstehen und so Cross-Selling-Potentiale ausgeschöpft werden können. Cross-Selling steht damit für Marketing unter Ausnutzung bestehender Kundenbeziehungen mit anderen Produkten des gleichen Unternehmens.[50]

Messegesellschaften, die beispielsweise Interessens- und Branchenschwerpunkte ihrer Besucher in der Besucherdatenbank speichern, können auf individuell

---

46 Vgl. Weiber & Weber (2002), S. 613.
47 Vgl. Link & Tiedtke (2001), S. 13.
48 Vgl. Krauß & Alves (2004), S. 326; Gamble et al. (2006), S. 14.
49 Vgl. Krauß & Alves (2004), S. 326.
50 Vgl. Wilde & Hippner (1998), S.340.

relevante oder branchenähnliche Messen ihres Unternehmens hinweisen. So können innerhalb des Unternehmens enge Verzahnungen entstehen, die einen beidseitigen Mehrwert generieren können.

4.4 Weitere Potentialfelder des Database-Marketings

Die Fülle der qualifizierten Kundendaten innerhalb einer Datenbank können eine hervorragende Basis für unternehmensinterne Marktforschung und Informationsbeschaffung darstellen. Die Daten und die gewonnenen Erkenntnisse aus der Kundendatenbank sind nicht anonym, sondern lassen sich auf einzelne Kundengruppen oder sogar auf einzelne Kunden zuordnen. Im Gegensatz dazu impliziert die Marketing- und Werbekonzeption auf der Basis der Ergebnisse von klassischen Marktforschungsinstituten hohe Streuverluste.[51] Die Marktforschung auf Basis der unternehmensinternen Besucherdatenbank kann klären, ob ein Bedarf für die Dienstleistung existiert, wo der Kundennutzen liegt und welche ähnlichen Dienstleistungen bereits vom Wettbewerb angeboten werden.

Durch den Einsatz der Datenbank als „Früherkennungssystem" können wichtige Erkenntnisse für die Entwicklung innovativer, kunden- und marktgerichteter Produkte gewonnen werden.[52] Diese Einsatzmöglichkeiten einer Kundendatenbank kommen v. a. der Geschäftsentwicklung zugute, um Wachstumsfelder und zukünftige Märkte zu erkennen. Speziell Kundendaten wie Interessensbereiche, weitere besuchte Messen und Tätigkeiten des Unternehmens können besucherseitiges Potential, z. B. für die Etablierung neuer Messen, bescheinigen. Sollen neue Messen im Ausland etabliert werden, so kann die Aussteller- und Besuchergruppe des jeweiligen Landes aus der Kundendatenbank extrahiert werden und den Einstieg in die Akquise erleichtern.

---

51   Vgl. von Löwenstern (1997), S.363.
52   Vgl. Link & Hildebrand (1997a), S. 32.

4.5 Datenqualität und Datenaktualität als Risiko

Über die hohe Bedeutung qualitativ hochwertiger Adressbestände für den Erfolg von Direktmarketing-Aktionen herrscht unter Experten Konsens.[53] In der Praxis bedeutet das, dass die Kundendaten kontinuierlich gepflegt und Adressänderungen, Rückläufer und sonstige Reaktionen im Sinne des Regelkreises des Database-Marketings zuverlässig eingepflegt werden müssen. Aber auch vorhandene Dubletten müssen identifiziert, abgeglichen und entfernt werden.

In einer Studie von Wölfel & Lammenett wurden drei Qualitätsdimensionen beschrieben.

Die **anwendungsbezogene Qualitätsdimension** beschreibt die Anwendbarkeit der Daten im praktischen Einsatz. Dazu zählen u. a. die Aktualität, Darstellung, Interpretierbarkeit und Relevanz.[54]

Die **herstellerbezogene Qualitätsdimension** ist vergleichbar bedeutend und beschreibt beispielsweise die Einhaltung der Datenschutzbestimmungen, die Dokumentation über Datenerfassung und -änderung, die Datensicherung, Zugriffsrechte und das Darstellen von Relationen der Datensätze untereinander.[55]

An dritter Stelle steht die **produktbezogene Datenqualität**, die die Dublettenfreiheit, Genauigkeit, Redundanzfreiheit, Vollständigkeit, Plausibilität und Widerspruchsfreiheit der Datensätze beschreibt.[56]

Aber nicht nur Dubletten in den Kundenstammdaten, die bei einem Mailing mehrfaches Porto verursachen, sind der Datenqualität abträglich.[57] Schlechte Datenqualität zeigt sich häufig in Form von fehlerhaften oder lückenhaft gespeicherten Kundendaten.[58] Sowohl doppelt versandte Mailings als auch die falsche Anrede, ein falsch geschriebener Name oder fehlerhafte Adressdaten hinterlassen beim Kunden einen schlechten Eindruck, können das Unternehmensimage schädigen[59] oder begünstigen im extremen Fall sogar Rechnungsausfälle aufgrund von Unzustellbarkeit. Doppelte Adressen führen außerdem zu einem falschen Bild vom

---

53 Vgl. Löffler & Scherfke (2000), S. 59; Rudolph & Rudolph (2000), S. 94.
54 Vgl. Wölfel & Lammenett (2009), S. 10.
55 Vgl. Wölfel & Lammenett (2009), S. 10.
56 Vgl. Wölfel & Lammenett (2009), S. 10.
57 Vgl. Eriksdotter (2009).
58 Vgl. Bühler (2012).
59 Vgl. Eriksdotter (2009).

Kundenstamm. Wenn Auswertungen zur Kundenstruktur, zum Durchschnitts-umsatz pro Kunde oder zur Kundenkategorie auf Basis fehlerhafter Datensätze entstehen, wird das Ergebnis verfälscht.[60] Bei einer Zusammenführung verschie-dener Datenbestände potenzieren sich diese Fehlerquellen.[61]

Über 60 Prozent der Unternehmen in der „Swiss-CRM-Trendstudie" nennen eine gute Datenbasis als häufigsten Erfolgsfaktor für ihre CRM-Aktivitäten. Bei der Hälfte der Unternehmen hat eine schlechte Qualität der Kundendaten bereits zu Schwierigkeiten bei der Umsetzung von CRM-Initiativen geführt.

Der Grund dafür ist aber meist kein IT- sondern ein Verhaltensproblem.[62] Auf-grund von Zeitmangel werden Kundendaten unvollständig oder nicht fehlerfrei erfasst oder es existieren schlichtweg keine konsistenten Regeln zur Eingabe und Pflege der Kundendaten. Probleme treten auch auf, wenn die Zuständigkeiten für Datenqualität nicht ausreichend geregelt sind und verschiedene Abteilungen Daten nach unterschiedlichen Regeln und Vorgehen erfassen. Konsistenz und Einheitlichkeit der Daten spielen eine entscheidende Rolle.[63] Die Datenqualität sollte als wesentlicher Wertschöpfungsfaktor betrachtet werden.[64]

4.6 Betriebliche Aufwendungen

Die Kosten einer Besucherdatenbank lassen sich allgemein in Aufwendun-gen für Personal (Dateneingabe, Datenpflege und Kundengruppenzuordnung), Aufwendungen für die IT-Betreuung, Lizenzen und Software sowie Kosten für interne Weiterbildung und Schulung gliedern. Zum Abschätzen einer Größen-ordnung in Bezug auf den personellen Aufwand einer Besucherdatenbank kann ein Vergleich zur bereits existierenden Ausstellerdatenbank herangezogen werden. Die Aufwendungen im Bereich IT sind dabei abhängig von der Menge der Da-tensätze und der Wahl der Datenbank. Standard-Software kann kostengünstiger sein, erfüllt aber nicht immer alle Anforderungen des Unternehmens und kann die Anwender mit überflüssigen Funktionen überfordern. Daher bietet es sich in

---

60   Vgl. Bühler (2012).
61   Vgl. Bühler (2012).
62   Vgl. Jenni (2011).
63   Vgl. Bühler (2012).
64   Vgl. Bühler (2012).

einigen Fällen an, eine Individualsoftware aus einzelnen bestehenden Komponenten oder gänzlich individuell entwickeln zu lassen.[65]

Bei erfolgreichen Datenbankimplementierungen fallen jedoch nicht nur Kosten an. Im Bereich Werbemitteleinsatz und Portokosten werden aufgrund von zielgruppenspezifischeren Marketing-Aktionen hohe Einsparungen erreicht.[66]

4.7 Datenschutz und Datensensibilität

Das Bundesdatenschutzgesetz (BDSG) beschäftigt sich mit datenschutzrechtlichen Bestimmungen in Bezug auf gespeicherte personenbezogene Daten, wie sie im Database-Marketing und im Direktmarketing eingesetzt werden[67], mit dem Ziel, den Einzelnen davor zu schützen, dass er durch den Umgang mit seinen personenbezogenen Daten in seinem Persönlichkeitsrecht beeinträchtigt wird. (§1 Abs. 1 BDSG)

Seit dem 1. September 2012 gilt das novellierte Bundesdatenschutzgesetz uneingeschränkt. Es schreibt sehr detaillierte Einwilligungen für den Empfang von Werbung vor – auch für Postsendungen – und verpflichtet Unternehmen, die existierenden Kunden-Opt-ins[68] zu dokumentieren und zu archivieren.[69] Direktwerbung ohne Einwilligung ist somit nur noch zulässig, soweit sie sich an Bestandskunden richtet und die Daten im Rahmen der Begründung, Durchführung oder Beendigung dieses Geschäftsverhältnisses erhoben wurden. Darüber hinaus wäre die Direktwerbung zulässig, wenn die Adresse aus einem allgemein zugänglichen Adressverzeichnis stammt oder der Adressat im Hinblick auf seine berufliche Tätigkeit unter seiner beruflichen Anschrift beworben wird.

Der Gesetzgeber sieht außerdem eine Opt-out-Möglichkeit vor, nach der die Kunden der Verwendung ihrer Daten widersprechen können.[70] Der Kunde muss über diese Möglichkeit und die verantwortliche Stelle beim Vertragsabschluss informiert werden.[71] Da Mailings an bestehende Kundenkontakte meist oh-

---

65 Vgl. Plehwe (1997), S. 884.
66 Vgl. Plehwe (1997), S. 880.
67 Vgl. Wirtz (2009), S. 80.
68 Opt-in= die explizite Einwilligung in die Nutzung der Daten.
69 Vgl. Pause & Singer (2012), S. 26.
70 §28 Abs. 4, S. 1 BDSG.
71 §28 Abs. 4, S. 2 BDSG.

nehin durch ein Opt-in legitimiert sind, gelten die strengeren Regelungen also insbesondere für die Verwendung von Listendaten zu Werbezwecken.

Diese neuen Datenschutzgesetze machen daher die werbliche Ansprache von potentiellen Kunden mittels gemieteter Adressen von Adressdienstleistern schwieriger. Zwar gibt es im B2B-Bereich immer noch die Möglichkeit, gemietete oder gekaufte Adressdaten zu Werbezwecken per Post zu nutzen, im B2C-Bereich ist die Adressmiete oder der Adresskauf zu Werbezwecken aber nur noch mit dem Opt-in der Konsumenten möglich. Da ein Kauf von Adressdaten mit Opt-in einen enormen finanziellen Aufwand darstellt und das Opt-in nur von einem sehr begrenzten Bevölkerungsanteil gegeben wird, gehört die Adressmiete von B2C-Daten für die meisten Unternehmen seit dem 1. September 2012 der Vergangenheit an. Dies kann zwar negative Auswirkungen auf die Anreicherung und Vergrößerung des Adressbestands mittels gemieteten Adressen haben, im Bereich der Eigenerhebung kann aber ein viel stärkeres Augenmerk auf die tatsächlich benötigten Daten und die entsprechenden Gesetze gelegt werden.

Doch der sorgfältige Umgang mit Kundendaten ist auch aus Marketing-Sicht sinnvoll. Kunden entwickeln zunehmend eine Datensensibilität und erkennen die Risiken der Herausgabe persönlicher Daten. Datenmissbrauch wird mitunter durch negative Mund-zu-Mund-Propaganda oder gar mit Abbruch der Geschäftsbeziehungen sanktioniert.[72]

Als besonders sensibel und kritisch gelten bei Konsumenten die Angabe von Finanzdaten. Soziodemographische und marketingrelevante Daten werden hingegen als relativ unkritisch eingestuft und nur zehn Prozent erachten die reinen Adressdaten als sensitive Daten.[73] Das Thema Datenschutz ist in diesem Zusammenhang nicht mehr nur eine Frage der Befolgung der Gesetze, sondern wird auch in Bezug auf die Kundenzufriedenheit immer bedeutender.[74]

---

[72] Vgl. Diller (2010b), S. 20; Wirtz (2009), S. 62; Stone, Bond & Foss (2004), S. 222 ff.
[73] Vgl. Wölfel & Niess (2009), S. 13.
[74] Kittlaus (2001), S. 16.

5 Ergebnisse der Befragung unter Messegesellschaften

Zielgruppe der folgenden Befragung waren Messegesellschaften und Messeveranstalter im Inland. In allen Fällen wurde die anonyme Online-Befragung an Abteilungsleiter/-innen im Bereich Datenbank-Management, Marketing oder Besucher-Services versandt. Von 23 kontaktierten Messegesellschaften, nahmen zwölf an der Befragung zu ihrem Vorgehen im Bereich des besuchergerichteten Database-Marketing teil. Aufgrund der Anzahl der teilnehmenden Unternehmen im Vergleich zur Anzahl agierender Messegesellschaften am Markt, können Tendenzen in der Branche abgeleitet werden.

Schwerpunkte der Befragung waren die Besucherregistrierung, die Möglichkeiten der Erhebung von Besucherdaten und die Gründe für oder gegen das Einrichten einer Besucherdatenbank im Unternehmen. Außerdem wurde die Sicht der Unternehmen auf die in diesem Beitrag thematisierten Chancen und Risiken des Database-Marketings abgefragt. Dabei gab es unterschiedliche Fragebögen in Abhängigkeit davon, ob ein Unternehmen bereits mit einer Besucherdatenbank arbeitet oder nicht.

Elf von zwölf befragten Messegesellschaften gaben an, bei ihren Messen Besucherdaten durch eine Besucherregistrierung zu erheben. Allerdings werden die erfassten Besucherdaten nur bei sieben Messegesellschaften in einer zentralen Besucherdatenbank gespeichert. Gründe, die für die anderen fünf Messegesellschaften gegen den Aufbau einer Besucherdatenbank sprechen, sind in Abbildung 6 dargestellt.

Bemerkenswert ist, dass keine der Messegesellschaften einen geringen Nutzen in einer Besucherdatenbank sieht. Diese Einschätzung spiegelt sich auch in der Befragung der Messegesellschaften wider, die bereits eine Besucherdatenbank nutzen.

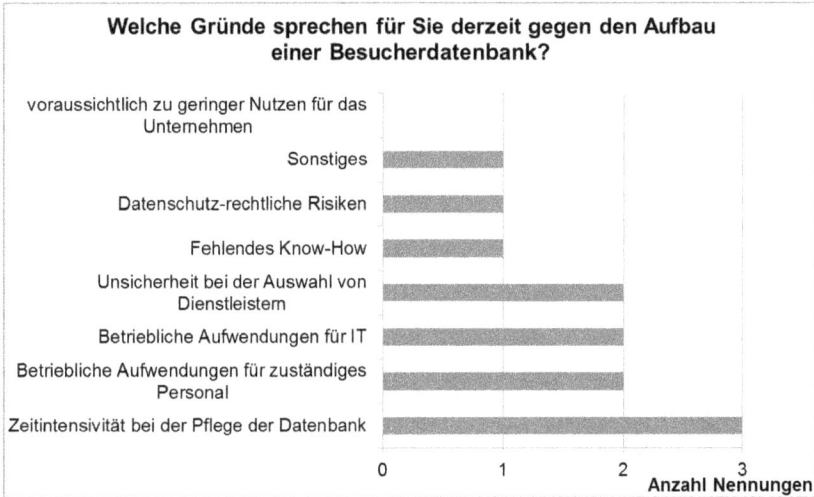

Welche Gründe sprechen für Sie derzeit gegen den Aufbau einer Besucherdatenbank?

Abbildung 6: Welche Gründe sprechen für Sie derzeit gegen den Aufbau einer Besucherdatenbank?
Quelle: Eigene Erhebung (2012), Gesamte Stichprobengröße: 12, Stichprobengröße für diese Frage: 5, Mehrfachnennungen möglich.

Von den sieben Befragten gaben sechs an, dass die Besucherdatenbank im Unternehmen einen hohen allgemeinen Nutzen oder einen essentiellen Mehrwert stiftet. Ein Befragter stimmt dieser Aussage eher zu.[75]

V. a. der Aspekt der Zeitintensität bei der Pflege der Datenbank ist für drei von fünf Messegesellschaften ein gewichtiger Grund gegen das Einrichten einer Besucherdatenbank. An zweiter Stelle rangieren die betrieblichen Aufwendungen für IT und zuständiges Personal sowie Unsicherheiten bei der Auswahl von Dienstleistern. Dies zeigt, dass für viele Unternehmen die Kosten einer Besucherdatenbank den Nutzen noch übersteigen und die entstehenden Aufwendungen für IT, Personal und Arbeitszeit, noch nicht gerechtfertigt werden können. Bei genauerer

---

75 Eigene Erhebung (2012): „Stiftet die Besucherdatenbank in Ihrem Unternehmen einen hohen allgemeinen Nutzen bzw. Mehrwert?", Gesamte Stichprobengröße: 12, Stichprobengröße für diese Frage: 7, Likert-Skala (trifft zu – trifft eher zu – weder noch – trifft eher nicht zu – trifft nicht zu).

Betrachtung fällt außerdem auf, dass v. a. kleinere Messeveranstalter[76] diese Aufwendungen noch nicht tragen können oder wollen. In Bezug auf die Auswahl der Dienstleister könnte ein fehlender Marktüberblick aufgrund der Vielzahl an Anbietern und unterschiedlichen Datenbank-Systemen ursächlich sein.

Auffällig ist, dass nur eine von fünf Messegesellschaften datenschutzrechtliche Risiken als Grund gegen den Aufbau einer Besucherdatenbank genannt hat. Dieses Ergebnis zeigt, dass eine Datenbank mit strenger werdendem Datenschutz als immer wichtiger wahrgenommen wird. Die neuen Datenschutzgesetze werden folglich nicht als Risiko für eine Besucherdatenbank angesehen.

Die sieben befragten Messegesellschaften, die im Besitz einer zentralen Besucherdatenbank sind, wurden nach weiteren Methoden zur Erhebung von Kundendaten befragt (s. Abbildung 7). Dabei ist der Adresskauf bzw. die Adressmiete bei Adressbrokern am geläufigsten und wird von allen sieben Befragten genutzt. Eine weitere Methode stellen Gewinnspiele dar. Dabei geben die Kunden das Opt-in zur Nutzung der Daten für Werbezwecke meist direkt mit Angabe der Daten an die Messegesellschaft. Vier von sieben befragten Messegesellschaften erheben Adressdaten über Verbände. Dies dürfte v. a. dem Umstand geschuldet sein, dass bei den meisten Fachmessen Verbände beratend zur Seite stehen oder sogar als Eigentümer der jeweiligen Messe fungieren.

---

76 Befragte Messegesellschaften, die insgesamt zwischen zwei und sieben Messen veranstalten.

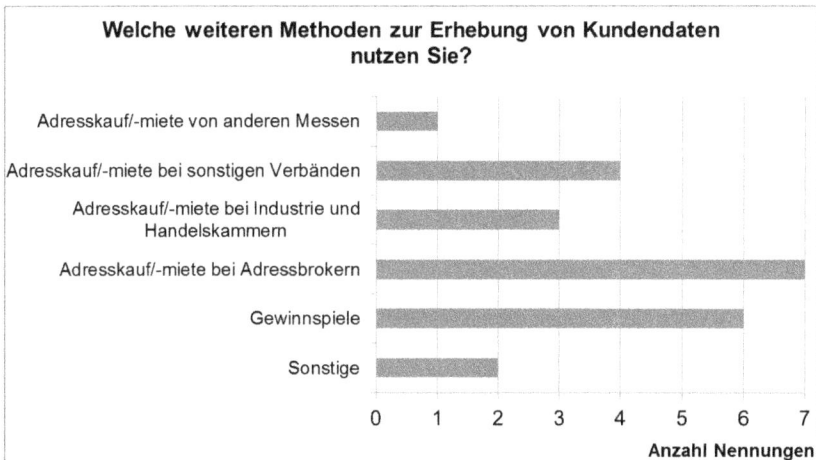

Welche weiteren Methoden zur Erhebung von Kundendaten nutzen Sie?

Abbildung 7: Welche weiteren Methoden zur Erhebung von Kundendaten nutzen Sie? Quelle: Eigene Erhebung (2012), Gesamte Stichprobengröße: 12, Stichprobengröße für diese Frage: 7, Mehrfachnennungen möglich.

Im letzten Teil wurden besagte sieben Messegesellschaften gebeten eine Rangfolge der Chancen und Risiken nach ihrer Wichtigkeit für das Unternehmen zu erstellen (s. Abbildung 8 und 9).

Die Größe der Blasen entspricht der kumulierten Relevanz für die Unternehmen.

Im Bereich der Chancen rangiert die gezielte Kundenansprache durch Direktmarketing und die Kundenbindung bzw. CRM für die Messegesellschaften an erster Stelle. Analytische Potentiale des Database-Marketings, wie die Analysegrundlage für die Geschäftsentwicklung und neue Erkenntnisse für die Marktforschung des Unternehmens, werden dagegen noch nicht im gleichen Maße als Chance gesehen.

Gründe dafür können sein, dass die Zuständigkeiten für eine Besucherdatenbank in Messegesellschaften eher im Bereich des Marketings angesiedelt sind und somit naturgemäß stärker für deren Ziele eingesetzt werden. Die Chance von Synergieeffekten zwischen den Messen wird vermutlich bei den meisten Messegesellschaften mit dem Ziel der Kundenbindung verbunden und steht daher in der Priorität bei den Befragten im Mittelfeld.

Sechs von sieben Befragten bestätigten jedoch, dass aufgrund der Besucherdatenbank bereits Synergien im Unternehmen entstanden sind[77] und dass sie seit der Einführung der Besucherdatenbank positive Effekte in Bezug auf die Kundenbindung wahrnehmen konnten.[78]

Chancen des Database-Marketing

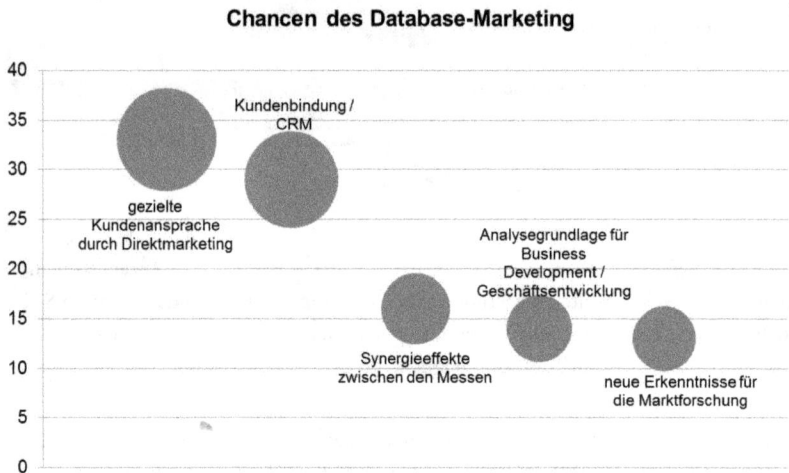

Abbildung 8: Chancen des Database-Marketing
Quelle: Eigene Erhebung (2012), Gesamte Stichprobengröße: 12, Stichprobengröße für diese Frage: 7, Punktvergabe von 1=unwichtig bis 5=sehr wichtig.

Bei der Abfrage der Rangfolge der Risiken steht die Aktualität der Kundendaten an erster Stelle. Demnach ist das Bewusstsein für aktuelle und qualitativ hochwertige Daten sehr ausgeprägt. Die betrieblichen Aufwendungen hingegen werden von den meisten Unternehmen als geringer Risikofaktor eingestuft.

---

77 Eigene Erhebung (2012): „Sind zwischen Ihren einzelnen Messen mithilfe der Besucherdatenbank Synergien entstanden?", Gesamte Stichprobengröße: 12, Stichprobengröße für diese Frage: 7, Likert-Skala (trifft zu – trifft eher zu – weder noch – trifft eher nicht zutrifft nicht zu).

78 Eigene Erhebung (2012): „Konnten Sie seit Einführung der Besucherdatenbank positive Veränderungen in Bezug auf die Bindung der Besucher an Ihre Messen feststellen?", Gesamte Stichprobengröße: 12, Stichprobengröße für diese Frage: 7, Likert-Skala (trifft zu – trifft eher zu – weder noch – trifft eher nicht zu – trifft nicht zu).

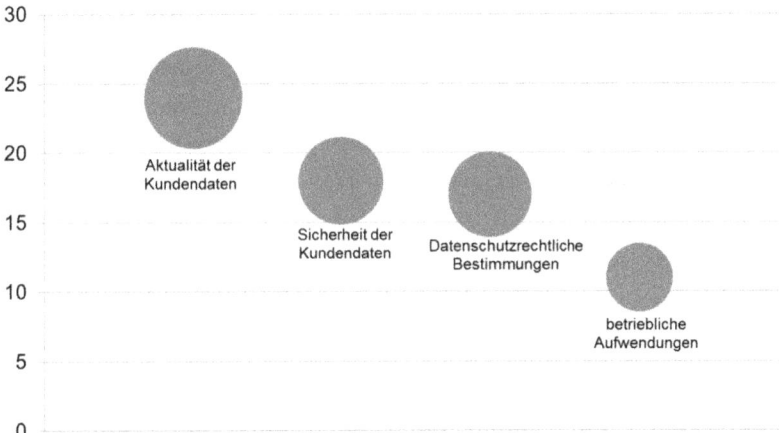

Risiken des Database-Marketing

```
30
25
20      Aktualität der
        Kundendaten
15
        Sicherheit der
        Kundendaten    Datenschutzrechtliche
10                     Bestimmungen
                       betriebliche
 5                     Aufwendungen
 0
```

Abbildung 9: Risiken des Database-Marketing
Quelle: Eigene Erhebung (2012), Gesamte Stichprobengröße: 12, Stichprobengröße für diese Frage: 7, Punktvergabe von 1=unwichtig bis 4=sehr wichtig.

Dies bestätigt die Annahme, dass der Nutzen einer Besucherdatenbank im Messewesen aus Sicht der Befragten die Kosten der Investition übersteigen. Auch die datenschutzrechtlichen Bestimmungen werden von den Befragten nicht als schwerwiegendes Risiko eingestuft. In einer weiteren Frage zum Faktor Datenschutz gaben fünf von sieben Befragten an, dass aktuelle Datenschutzgesetze den Fortbestand der Besucherdatenbank nicht oder eher nicht beeinflussen.[79] Die Sicherheit der Kundendaten, mit der auch der zunehmenden Datensensibilität der Kunden Rechnung getragen wird, wird von den Befragten geringfügig höher eingestuft. Demnach sehen die Befragten das größte Risiko des Database-Marketings in veralteten und fehlerhaften Daten, die zu Streu- und Imageverlusten bei den Kunden führen können.

---

79 Eigene Erhebung (2012): „Beeinflussen aktuelle Datenschutzgesetze den Fortbestand Ihrer Besucherdatenbank negativ?", Gesamte Stichprobengröße: 12, Stichprobengröße für diese Frage: 7, Likert-Skala (trifft zu – trifft eher zu – weder noch – trifft eher nicht zu – trifft nicht zu).

Im Bereich der Aktualität der Kundendaten ist eines der größten Risiken zu sehen. Eine konsistente Pflege und Betreuung der Besucherdatenbank ist daher essentiell.

Die Erkenntnis, dass selbst Messeveranstalter, die keine Besucherdatenbank in ihrem Unternehmen eingerichtet haben, den Nutzen einer solchen Datenbank nicht in Frage stellen, beweist, dass dieses Thema von enormer Relevanz ist und für Messeveranstalter viele Potentiale bieten kann.

6 Schlussbetrachtung und Fazit

Zusammenfassend kann festgehalten werden, dass sich die größten Chancen und Potentiale des Database-Marketings in der zielgerichteten Besucheransprache mithilfe des Direktmarketings oder der Werbung zeigen. Möglichkeiten können dabei die mikrogeographische Segmentierung für klassische Werbemittel, eine Feinselektion von Zielgruppen oder das Einbinden von Response-Möglichkeiten, die ein effektives Marketing-Controlling erlauben, sein. Die Verminderung von Streuverlusten durch zielgruppengenaue Marketing-Aktionen auf Basis der Besucherdatenbank ist einer der größten Vorteile des Database-Marketing, da damit auch Werbemittel und Portokosten eingespart werden können.

Die Kundenbindung und das Vertrauen des Kunden in die Dienstleistung stellt insbesondere im Messebereich ein wichtiges Kriterium dar. Um die Immaterialität der Dienstleistung Messe zu überwinden, ist das Vertrauen des Besuchers in die Veranstaltung notwendig. Hier kann das Database-Marketing helfen, eine Kundenbeziehung aufzubauen und durch effektives Beschwerdemanagement negative Erlebnisse in eine positive Beschwerdezufriedenheit umzuwandeln.

Auch Cross-Selling-Potentiale können mithilfe des Database-Marketings diagnostiziert und auf Basis der Auswertung anschließend realisiert werden.

Eine mangelhafte Aktualität und Qualität der Daten birgt einen großen Nachteil für eine Besucherdatenbank, weil die Datenbasis Grundlage für alle Instrumente und Einsatzmöglichkeiten des Database-Marketings ist. Ist diese Datenbasis lückenhaft oder veraltet, erzielen die darauf basierenden Marketing-Aktionen nicht den gewünschten Effekt oder bedingen sogar Kundenunzufriedenheit. Hierbei muss bedacht werden, dass zusätzliche Informationen nicht automatisch zu einer Verbesserung der Ergebnisse führen.[80] Ausschlaggebend ist bei der Datenbasis nicht die Quantität, sondern die Qualität der Daten.

Die neuen Regelungen im Datenschutz machen eine Dokumentation der Datenherkunft und der kundenseitigen Zustimmung zur Nutzung der Daten für Werbezwecke notwendig. Eine solche Dokumentation kann nur mithilfe einer Besucherdatenbank konsistent und durchgehend erfolgen.

---

80 Vgl. Böhler & Riedl (1997), S. 72.

Für die befragten Messegesellschaften stellt die Aktualität der Kundendaten das größte Risiko dar. Die größte Chance des Database-Marketings wird in der gezielten Kundenansprache durch Direktmarketing gesehen.

Insbesondere die Erkenntnis, dass auch Messeveranstalter, die selbst noch keine Besucherdatenbank in ihrem Unternehmen betreiben, den Nutzen des Database-Marketings anerkennen, ist ein Indikator dafür, dass das besuchergerichtete Database-Marketing in der Messewirtschaft eine zunehmend hohe Relevanz hat und künftig eine große Rolle spielen wird.

Es gilt dabei als ständige Aufgabe, die Rahmenbedingungen und Weiterentwicklungen von Datenbanken zu beobachten und Änderungen laufend umzusetzen, um die Chancen und Potentiale des Database-Marketings optimal zu nutzen.

Literaturverzeichnis

AUMA (2001): Verbraucherausstellungen in der B2C-Kommunikation. Untersuchung zum künftigen Stellenwert des Mediums im Auftrag des AUMA, Edition 12.

Beuermann, M. (1977): Marketingorientierte Besucherwerbung. In: Messe-Nachrichten Hannover, Nr. 1, Hannover.

Boerner, C. (1976): Publikumsausstellungen – Ihre Funktion und Bedeutung. In: m+a report, 05/1976, Frankfurt a. M.

Böhler, H. & Riedl, J. (1997): Informationsgewinnung für die Database im Investitionsgüter-Marketing. In: Link, J. et al. (Hrsg.): Handbuch Database Marketing. 2. Aufl., Ettlingen, S. 59-76.

Bruhn, M. (Hrsg.) (2000): Kundenbeziehungen im Dienstleistungsbereich, Wiesbaden.

Bühler, J. (2012): Daten managen: So halten Sie Ihre Kundendaten sauber. In: http://www.computerwoche.de/software/bi-ecm/1931848/. Zugriff am 13.08.2012.

Büttgen, M. (2000): Database-Marketing als Grundlage für Learning Relationships im Dienstleistungsbereich. In: Bruhn, M. (Hrsg.): Kundenbeziehungen im Dienstleistungsbereich, Wiesbaden, S. 329-354.

Conrady, R., Jaspersen, T. & Pepels, W. (Hrsg.) (2002): Online-Marketing-Strategien: Konzeption, Technologien, Prozesse, Recht, Neuwied.

Diller, H. (Hrsg.) (2010a): Der gläserne Konsument: Potentiale und Probleme beim Management von Kundendaten, Nürnberg.

Diller, H. (2010b): Aufgaben Instrumente und Ziele des Kundendatenmanagements. In: Diller, H. (Hrsg.): Der gläserne Konsument: Potentiale und Probleme beim Management von Kundendaten, Nürnberg, S. 1-26.

Effert, D. & Köhler, V. (Hrsg.) (2004): Wettbewerb der Vertriebssysteme: Strategien und Lösungen für das Privatkundengeschäft der Banken, Wiesbaden.

Elsner, R. (2003): Optimiertes Direkt- und Database-Marketing unter Einsatz mehrstufiger dynamischer Modelle, Wiesbaden.

Eriksdotter, H. (2009): Bedenklicher Status: Datenhygiene oft Nebensache. In: http://www.computerwoche.de/produkte-technik/businessintelligence/1907503/. Zugriff am 11.02.2014.

Gamble, P. et al. (2006): Up Close and personal? Customer relationship marketing@work, 3. Aufl., London.

Goschmann, K. (2000): Medien am Point of Interest, Mannheim.

Häberle, K.-E. (1967): Erfolg auf Messen und Ausstellungen. Handbuch für Teilnahme, Organisation, Gestaltung, Technik, Stuttgart.

Huldi, C. & Kuhfuß, H. (2002): Database-Marketing. In: Weiber, R. (Hrsg.): Handbuch Electronic Business: Informationstechnologien – Electronic Commerce – Geschäftsprozesse, 2. Aufl., Wiesbaden, S. 327-342.

Jenni, C. (2011): Swiss CRM Trendstudie: Kundenbeziehungsmanagement bleibt ein Topthema. In: http://ianus.zhaw.ch/marketingmanagement/?p=38. Zugriff am 13.08.2012.

Kittlaus, H.-B. (Hrsg.) (2001): Database-Marketing. Konzepte – Erfolgsfaktoren – Umsetzung, Stuttgart.

Koller, A. (2008): B2C-Messen: wichtige Medien für neue Kontakte. In: m+a report 05/2008, Frankfurt a. M.

Krauß, H.-U. & Alves, M. (2004): Das richtige IT-Instrument für die erfolgreiche ganzheitliche Finanzberatung und das Kundenmanagement. In: Effert, D. & Köhler, V. (Hrsg.): Wettbewerb der Vertriebssysteme: Strategien und Lösungen für das Privatkundengeschäft der Banken, Wiesbaden, S. 325-338.

Kreutzer, R. (1992): Zielgruppen-Management mit Kunden-Datenbanken. In: DBW, Nr. 3/1992, 52. Jg. Nr. 3, Stuttgart, S. 325-340.

Kroeber-Riel, W. (1995): Werbung. In: Tietz, B. et al. (Hrsg.): Handwörterbuch des Marketing, 2. Aufl., Stuttgart.

Link, J. et al. (Hrsg.) (1997): Handbuch Database Marketing, 2. Aufl., Ettlingen.

Link, J. & Hildebrand, V. (1994): Verbreitung und Einsatz des Database Marketing und CAS. Kundenorientierte Informationssysteme in deutschen Unternehmen, München.

Link, J. & Hildebrand, V. (1997a): Grundlagen des Database Marketing. In: Link, J. et al. (Hrsg.): Handbuch Database Marketing, 2. Aufl., Ettlingen, S. 15-38.

Link, J. & Hildebrand, V. (1997b): Database-Marketing in der Praxis – Ergebnisse einer empirischen Studie. In: Link, J. et al. (Hrsg.): Handbuch Database Marketing, 2. Aufl., Ettlingen, S. 695-712.

Link, J. & Grandjot, T. (2006): Die Bedeutung des Database-Marketings im CRM und Marketing-Controlling. In: Wirtz, B. & Burmann, C. (Hrsg.): Ganzheitliches Direktmarketing, Wiesbaden, S. 343-376.

Link, J. & Tiedtke, D. (2001): Erfolgreiche Praxisbeispiele im Online-Marketing. Strategien und Erfahrungen aus unterschiedlichen Branchen, 2. Aufl., Berlin.

Löffler, H. & Scherfke, A. (2000): Direktmarketing. Instrumente, Ausführung und neue Konzepte, Berlin.

Meffert, H. & Bruhn, M. (2012): Handbuch Dienstleistungsmarketing. Planung – Umsetzung – Kontrolle, 15. Aufl., Wiesbaden.

Meyer, A. (Hrsg.) (1998): Handbuch Dienstleistungs-Marketing, Bd. 1, Stuttgart.

Mülder, W. (2002): Database Marketing und Data Mining. In: Conrady, R., Jaspersen, T. & Pepels, W. (Hrsg.): Online-Marketing-Strategien: Konzeption, Technologien, Prozesse, Recht, Neuwied, S. 232-250.

Neumann, S. (2005): Database Marketing in der Anwaltskanzlei, Dissertation, Universität des Saarlandes, Saarbrücken.

Pause, C. & Singer, M. (2012): Der Dialog der Zukunft ist da. Acquisa, Februar 2012, S. 26-28.

Peters, M. (1992): Dienstleistungsmarketing in der Praxis: am Beispiel eines Messeunternehmens, Wiesbaden.

Plehwe, K. (1997): Die Einführung von Database Marketing in ein Unternehmen. In: Link, J. et al. (Hrsg.): Handbuch Database Marketing, 2. Aufl., Ettlingen, S. 877-886.

Plinke, W. (1989): Die Geschäftsbeziehung als Investition. In: Specht, G., Silberer, G. & Engelhardt, W. H. (Hrsg.): Marketing-Schnittstellen - Herausforderungen für das Management, Stuttgart, S. 305-326.

Poscharsky, N. (2004): Database-Marketing als Grundlage der Individualisierung im Retailbanking. In: Effert, D. & Köhler, V. (Hrsg.): Wettbewerb der Vertriebssysteme: Strategien und Lösungen für das Privatkundengeschäft der Banken, Wiesbaden, S. 309-324.

Rudolf, A. & Rudolf, M. (2000): Customer Relationship Marketing – individuelle Kundenbeziehungen, Berlin.

Schüring, H. (1991): Database Marketing. Einsatz von Datenbanken für Direktmarketing, Verkauf und Werbung, Landsberg am Lech.

Specht, G., Silberer, G. & Engelhardt, W. H. (1989): Marketing-Schnittstellen – Herausforderungen für das Management (Hrsg.), Stuttgart.

Stone, M., Bond, A. & Foss, B. (2004): Consumer insight: how to use data and market research to get closer to your customer, London.

Tapp, A. (2008): Principles of direct and database marketing: a digital orientation, 4. Aufl., Harlow u. a.

Tietz, B. et. al. (Hrsg.) (1994): Handwörterbuch des Marketing, 2. Aufl., Stuttgart.

Von Löwenstern, L. (1997): Customer Care Programs & Database-Marketing. In: Link, J. et al. (Hrsg.): Handbuch Database Marketing, 2. Aufl., Ettlingen, S. 361-376.

Walter, J. (2011): Die Anreicherung von Kundendaten – Ein interdisziplinärer State-of-the-Art-Review zur Erhebung, Verarbeitung und Nutzung von Kundendaten, Nürnberg.

Weiber, R. & Weber, M. (2002): Customer Relationship Marketing und Customer Lifetime Value im Electronic Business. In: Weiber, R. (Hrsg.): Handbuch Electronic Business: Informationstechnologien – Electronic Commerce – Geschäftsprozesse, 2. Aufl., Wiesbaden, S. 609-644.

Weiber, R. (Hrsg.) (2002): Handbuch Electronic Business: Informationstechnologien – Electronic Commerce – Geschäftsprozesse, 2. Aufl., Wiesbaden.

Weinberg, K.-L. (1997): Einführung, Struktur und Einsatz einer Kundendatenbank im Messewesen. In: Link, J. et al. (Hrsg.): Handbuch Database Marketing. 2. Aufl., Ettlingen, S. 789-796.

Wilde, K. D. & Hippner, H. (1998): Database-Marketing in Dienstleistungs-Unternehmen. In: Meyer, A. (Hrsg.): Handbuch Dienstleistungs-Marketing, Bd. 1, Stuttgart, S. 319-347.

Wirtz, B. (2009): Direktmarketing-Management. Grundlagen – Instrumente – Prozesse, 2. Aufl., Wiesbaden.

Wirtz, B. & Burmann, C. (Hrsg.) (2006): Ganzheitliches Direktmarketing, Wiesbaden.

Wölfel, J. & Lammenett, C. (2009): Qualitätsmanagement von Kundendatenbanken. Ergebnisse einer empirischen Studie. Arbeitspapier Nr. 166, Lehrstuhl für Marketing an der Universität Erlangen-Nürnberg.

Wölfel, J. & Niess, P. (2009): Datensensibilität im Web 2.0. Ergebnisse einer empirischen Studie, Arbeitspapier Nr. 168, Lehrstuhl für Marketing an der Universität Erlangen-Nürnberg.

Zehetbauer, E. (Hrsg.) (1997): Das große Handbuch für erfolgreiches Direktmarketing, Landsberg am Lech.

KOSTENRECHNUNG IM MESSEWESEN

KONZIPIERUNG EINES ADÄQUATEN KOSTENRECH-NUNGSSYSTEMS AM PRAKTISCHEN BEISPIEL

Isabell Maurer

Inhaltsverzeichnis

Abbildungsverzeichnis

I Einleitung

„Die Minenfelder für den Mittelstand."[1] So titelte das Handelsblatt Ende 2012. Zum Inhalt hatte der Artikel die Gefahren, die betriebsintern in mittelständischen Unternehmen lauern. Ein Aspekt waren u. a. die Finanzen. „Insolvenzverwalter stellen bei Pleitefirmen häufig fest, dass das Management keine zeitnahe Rechnungslegung für nötig hielt. Besonders aber die Kostenrechnung gehört regelmäßig aktualisiert - viele Firmen betrachten das eher als notwendige Pflicht denn als geschäftsförderndes Handlungsfeld."[2] Basierend auf dem Ziel, einer solchen Entwicklung vorzubeugen, entstand das Thema dieser Arbeit.

Messegesellschaften sind meist Tochtergesellschaften einer Stadt. Sie prägen und fördern deren Image, steigern die Umwegrentabilität einer Region und dienen als mannigfaltiger Werbeträger. Ihr Fokus liegt somit nicht nur auf der Gewinnerzielung. Ihr strategisches Management ist meist auf Stakeholder wie beispielsweise Mitarbeiter, Kunden und Lieferanten ausgerichtet, deren Bedürfnisse allesamt erfüllt werden sollen. Um den gesetzlich vorgeschriebenen formalen und inhaltlichen Informationsanforderungen der Rechnungslegung gerecht zu werden, kommt bei vielen Messegesellschaften die einstufige Deckungsbeitragsrechnung als Kostenrechnungssystem (KRS) zum Einsatz. Mithilfe dieser Kostenrechnung werden von den Umsätzen der einzelnen Veranstaltungen alle Kosten abgezogen, die ursächlich durch sie entstanden sind. Daraus resultiert der Deckungsbeitrag I (DB I), der den Projektleitern nützliche und schnelle Informationen für Entscheidungen liefert.

Von den aufsummierten Deckungsbeiträgen aller Veranstaltungen werden am Jahresende die Kosten abgezogen, die für mehrere Leistungen gemeinsam entstanden sind und somit nicht direkt zurechenbar waren, die sogenannten Gemeinkosten.[3] Aus dieser Rechnung ergibt sich das Betriebsergebnis, welches den Erfolg einer Abrechnungsperiode widerspiegelt.

Die einstufige Deckungsbeitragsrechnung behandelt die anfallenden Gemeinkosten allerdings eher stiefmütterlich. Daraus resultiert, dass diese Kosten

---

1   Handelsblatt (2012), 2011.
2   Handelsblatt (2012), 2011.
3   Vgl. Coenenberg, Fischer & Günther (2012), S. 73.

aufgrund ihrer Intransparenz nur schwer greifbar sind, eventuelle Einsparpotentiale beispielsweise sind nur schwer erkennbar. Zum anderen kann meist keine fundierte Aussage darüber getroffen werden, ob alle veranstaltungsbezogenen Kosten diesen auch zugeordnet werden. Denn aufgrund der Intransparenz liegt es nahe, dass einige Bestandteil des undurchsichtigen Gemeinkostenblocks sind.

Das angestrebte Ziel des Beitrags ist die Erarbeitung eines Konzepts für ein adäquates KRS, mit dessen Hilfe u. a. die dargestellte Problematik behoben werden kann.

Hierzu sollen zunächst die Spezifika von Veranstaltungen, die ihrem Wesen nach Dienstleistungen sind, erläutert werden. Ob und wenn ja in welchem Maß diese eine Modifizierung der KRS in Dienstleistungsunternehmen fordern, wird im nächsten Schritt herausgearbeitet. Dieser Gliederungspunkt bildet zugleich auch die Grundlage für den Anforderungskatalog. Dessen Bestandteile sind die Kriterien, die ein zweckdienliches KRS zu erfüllen hat. Um zu prüfen, welches der klassischen Systeme diesen am ehesten gerecht wird, werden die verschiedenen Modelle detailliert betrachtet und erläutert.

Durch ein Update des bisherigen oder die Einführung eines neuen KRS kann das Rechnungswesen eines Unternehmens, so auch einer Messegesellschaft, aktualisiert werden, um eine fundierte Kostengrundlage zu schaffen und es so vor den Minen des Mittelstandes zu bewahren.

2   Problemstellung

Messegesellschaften, die ihrem Wesen nach Dienstleistungsunternehmen sind, stehen hinsichtlich der Kostenrechnung vor einer diffizilen Aufgabe. Dies hat mehrere Gründe. Eine essenzielle Rolle spielt dabei die Tatsache, dass es gerade im Messewesen viele divergente Situationen gibt, in denen schnelles und flexibles Handeln von den Mitarbeitern gefordert wird und in denen differenzierte Zahlen und Ergebnisse für korrekte Entscheidungen unabdingbar sind. In gleichem Maße gilt es aber auch, langfristig zu planen und schon frühzeitig das Unternehmen in die richtige Richtung zu lenken. Dafür wird ein Kostenrechnungssystem (KRS) benötigt, mit dem lang- und kurzfristige Entscheidungen getroffen werden können und welches dem Messealltag entsprechend flexibel genug ist.

Kurzfristige Entscheidungen stehen meist hinsichtlich von Projekten an, die unterjährig zu treffen sind. Unerlässlich für das Fortbestehen einer Messegesellschaft sind erfolgreiche Veranstaltungen, die mit einem positiven Deckungsbeitrag, abschließen. Um diesen rechnerisch nachzuweisen, ist eine zentrale Aufgabe des KRS, den Deckungsbeitrag zu ermitteln. D. h. die Ergebnisse der einzelnen Veranstaltungen müssen möglichst einfach und sehr zeitnah von den einzelnen Projektleitern ermittelt werden können. Das setzt voraus, dass das KRS einfach in die Praxis zu implementieren ist. Um dieser Anforderung gerecht zu werden, kommt bei vielen Messegesellschaften die einstufige Deckungsbeitragsrechnung zum Einsatz.

Doch es gibt auch Entscheidungen, die am Ende des Geschäftsjahres für das kommende Jahr zu treffen sind. Hierfür sollen zweckmäßige Informationen für die Unternehmenssteuerung herausgearbeitet werden. Essentiell für solch eine Situation ist u. a. die Möglichkeit eines qualifizierten Vergleichs einzelner Abteilungen oder verschiedener Geschäftsbereiche miteinander. So sollen beispielsweise Aussagen über die Rentabilität der unterschiedlichen Bereiche als Grundlage für fundierte Entscheidungen hinsichtlich der Unternehmensstrategie o.ä. dienen. Basierend auf diesen Informationen kann eine Richtung fokussiert werden, die besonders erfolgversprechend scheint.

Einen großen Anteil an den gesamten Kosten einer Messegesellschaft haben von Natur aus die Gemeinkosten, die für das Unternehmen als Ganzes anfallen, somit also nicht auf einzelne Veranstaltungen zugerechnet werden können. Bestandteil des Gemeinkostenblocks können Instandhaltungs-, Abschreibungs-, Energie- oder Technikkosten sein. Aufgrund verschiedener Aspekte, die im Weiteren näher erläutert werden, sind gerade bei Messedienstleistern viele Kosten nicht direkt zurechenbar. Dadurch nimmt der Gemeinkostenblock enorme Dimensionen an, die noch größere Ausmaße als die in der Industrie haben, in der sie ohnehin schon extrem hoch sind.[4] Eine elementare Aufgabe des KRS ist es demnach, die Gemeinkosten mit einzubeziehen um der Geschäftsleitung so die Möglichkeit zu bieten, sie in ausreichendem Maße berücksichtigen und erfassen zu können.

---

4 Vgl. Reckenfelderbäumer (1998), S. 153 ff.

3 Zielsetzung

Aus diesen Erläuterungen lassen sich zwei Thesen formulieren, die am Ende der Arbeit überprüft werden sollen. Die erste These bezieht sich auf die Flexibilität der Rechnungslegung, die durch die momentane einstufige Deckungsbeitragsrechnung nicht in dem Maße wie gewünscht, erfüllt wird.

Durch die Einführung eines neuen KRS entstehen erweiterte Möglichkeiten für divergente Berechnungen mithilfe derer sich situationsabhängige Ergebnisse ermitteln und vergleichen lassen.

Die zweite These korreliert mit der ersten, sie bezieht sich allerdings direkt auf das zentrale Kostenproblem der Messegesellschaft, die Intransparenz des Gemeinkostenblocks.

Um die Kostensituation zu entzerren, ist die Schaffung von Transparenz hinsichtlich des Gemeinkostenblocks zwingend erforderlich. Das wird durch dessen Zerlegung in die einzelnen Bestandteile erreicht, die wiederum zu analysieren sind. Aus dieser Analyse folgt bspw. eine Verringerung des Gemeinkostenblocks infolge der Ermittlung von Kosten, die den Veranstaltungen direkt zurechenbar sind, momentan aber als Gemeinkosten gehandelt werden.

Als Orientierungshilfe soll nachfolgende Grafik dienen, die den Gang der folgenden Untersuchung zusammenfassend darstellt.

Zielsetzung

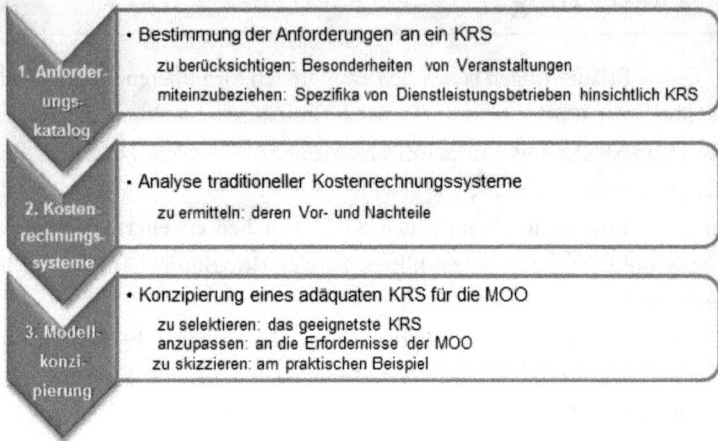

Abbildung 1: Darstellung der Vorgehensweise
Quelle: Eigene Darstellung.

4 Charakteristikum von Messegesellschaften als Dienstleistungsunternehmen

4.1 Besonderheiten

Messen und Veranstaltungen stellen Dienstleistungen dar, die speziell auf Kundenwünsche zugeschnitten und ausgerichtet werden. Aufgrund ihres Dienstleistungscharakters werden im Folgenden deren besondere Eigenschaften näher betrachtet. In der wissenschaftlichen Literatur sind die Aspekte Integration des externen Faktors sowie Immaterialität sehr häufig zu finden, weshalb diese nun hier aufgegriffen werden.[5]

4.1.1 Integration des externen Faktors

Durch die Integration des externen Faktors, sprich des Kunden, ergeben sich verschiedene Besonderheiten, von denen speziell eine hervorzuheben ist. Es handelt sich dabei um das abteilungs- und tätigkeitsübergreifendes Arbeiten, welches durch die Einbeziehung des Kunden unerlässlich ist. Die einzelnen Kosten, die in den Abteilungen anfallen, können somit nur bedingt direkt einer Veranstaltung zugerechnet werden. Bei der Vorbereitung einer Messe oder eines Events ist beispielsweise nicht nur das Projektteam im Einsatz, ebenfalls wird u. a. die Kommunikations-, Marketing- und Technikabteilung miteinbezogen. Da diese allerdings nicht nur ein Projekt, sondern oft mehrere gleichzeitig betreuen, ist eine Zurechnung auf die einzelnen Veranstaltungen sehr diffizil, wenn nicht sogar unmöglich.

4.1.2 Immaterialität

Aufgrund der fehlenden bzw. nicht möglichen Vorproduktion und Lagerfähigkeit sind Dienstleistungen in hohem Maß anfällig für Nachfrageschwankungen. Jene Dienstleister, die von Nachfrageschwankungen stark abhängig sind, versuchen diesen entgegenzuwirken, indem sie anstatt der Produkte die

---

5   Vgl. Haller (2010), S. 18 ff.; Werner (2006), S. 18 ff.; Bruhn & Stauss (2005), S. 5 f.

Produktionsfaktoren wie beispielsweise Arbeitskraft in Form von Personal bereitstellen. Dadurch produzieren sie allerdings Bereitschaftskosten, die nicht von der Ausbringungsmenge abhängig sind.[6] Diese Bereitstellung verursacht hohe Kosten, die nicht kurzfristig beeinflussbar, sondern fix sind. Entweder führen diese zu Nutz- oder bei nicht Inanspruchnahme zu Leerkosten.[7] Auch bei Messegesellschaften stellt die Grundsatzentscheidung betreffend der Ausrichtung der Produktionskapazität auf Basisbetrieb oder Belastungsspitzen eine notwendige Bedingung dar.

Eine weitere Schwierigkeit die aus der Immaterialität resultiert, ergibt sich daraus, dass ein Großteil der Kosten nicht direkt auf einzelne Leistungen zugerechnet werden kann. Eben benannte Bereitschaftskosten beispielsweise fallen nicht nur für eine, sondern mehrere Leistungen an. Von deren Erstellung sind sie aber dennoch unabhängig. Eine verursachungsgerechte Zurechnung ist kaum möglich. Infolgedessen kann ein großer Teil der anfallenden Kosten nicht direkt zugerechnet werden, was wiederum dazu führt, dass für die einzelnen Dienstleistungen oft kein eindeutiges Mengengerüst modelliert werden kann. D. h. die Beziehung zwischen dem Dienstleistungsergebnis und dem Ressourcenverbrauch ist intransparent. Diese Problematik wird zusätzlich durch das im vorherigen Abschnitt beschriebene abteilungs- und tätigkeitsübergreifende Arbeiten verstärkt.

4.2 Problemfelder der Kostenrechnung im Dienstleitungssektor

Zu eben erläuterter Problematik gesellt sich noch ein weiterer, prekärer Sachverhalt, der darin begründet liegt, dass Dienstleistungsunternehmen in kostentechnischer Sicht in den letzten Jahren gewissermaßen hinten angestellt wurden. Die klassischen KRS wurden einst für die Industrie entwickelt, weshalb sie sich logischerweise sehr stark mit den Sachverhalten in industriellen Betrieben beschäftigen.[8] In Dienstleistungsunternehmen sind durch die eben erörterten Besonderheiten allerdings andere Rahmenbedingungen vorzufinden. Diese Vernachlässigung

---

6   Vgl. Pepels (2006), S. 192; Riebel (1994), S. 758.
7   Vgl. Reckenfelderbäumer (1998), S. 151 f.; Günter (2004), S. 16.
8   Vgl. Coenenberg, Fischer & Günther (2012), S. 300.

in Verbindung mit den charakteristischen Merkmalen von Dienstleistungen führen bei deren Kostenrechnung und somit auch bei der von Messegesellschaften zu einigen Schwierigkeiten.

Als Hauptproblem kann dabei die Kostenstruktur genannt werden, die sich durch einen höheren Anteil an Personalkosten, eine außergewöhnlich hohe Belastung durch Fixkosten sowie einen größeren Gemeinkostenanteil kennzeichnen und sich somit deutlich von Industriebetrieben unterscheiden.[9] Den speziellen Erfordernissen, die sich aufgrund dieses Sachverhaltes ergeben, wird keines der traditionellen Kostenrechnungen gerecht, da bei keinem der Fokus auf die Gemeinkosten gerichtet ist.

Die Erläuterungen der Problemfelder im Zusammenhang mit den Besonderheiten von Dienstleistungen führen zu dem Schluss, dass eine bloße Übertragung der traditionellen KRS auf Dienstleistungsbetriebe nicht zielführend und zweckmäßig ist.[10]

Übersichtlich lässt sich diese Problematik in Abbildung 2 darstellen.

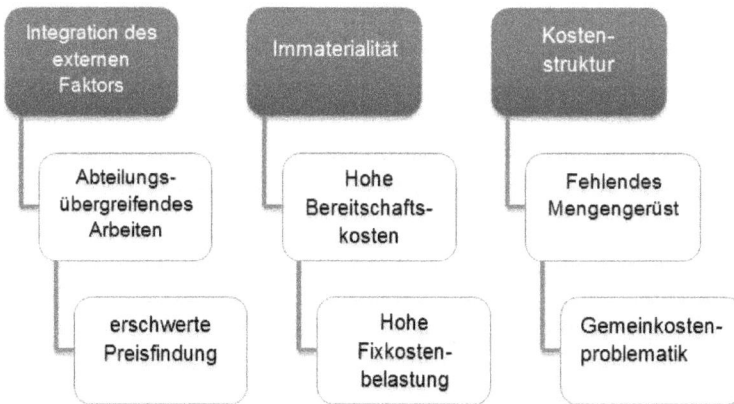

Abbildung 2: Problemfelder der Kostenrechnung bei der MOO
Quelle: Eigene Darstellung.

---

9   Vgl. Coenenberg, Fischer & Günther, 2012, S. 300.
10   Vgl. Bruhn & Stauss (2005), S. 38; Reckenfelderbäumer (1994), S. 42 ff.

4.3 Anforderungen an ein Kostenrechnungssystem (KRS) im Messebereich

Um eines der wichtigsten Kriterien, die Schaffung von mehr Transparenz bezogen auf den Gemeinkostenblock, zu erfüllen und ein genaueres, aussagekräftigeres Ergebnis zu erhalten, ist es notwendig, diesen transparenter zu machen. Das soll durch dessen Aufspaltung und die Verteilung dieser Kosten ermöglicht werden. Angesichts der diesbezüglich festgestellten Problematik, die in Dienstleistungsbetrieben vorherrscht, wäre ebenfalls die Zuordnung der Gemeinkosten auf andere Bezugsgrößen, wie beispielsweise auf Kostenstellen oder unterschiedliche Geschäftsbereiche, legitim. Diesbezüglich lassen sich demnach gleich zwei Anforderung an ein geeignetes KRS formulieren.

Einerseits soll die Berechnung von Ergebnissen unterschiedlicher Bezugsgrößen ermöglicht werden. Andererseits wird der Aspekt nach einer erhöhten Kostentransparenz, um auf diese Weise die Personal-, Fix- und Gemeinkosten besser steuern zu können, gefordert.

Ungeachtet der eben benannten Problematik sollte trotz allem der Versuch unternommen werden, eine vollständigere Darstellung der Beziehung zwischen dem Dienstleistungsergebnis, also den Veranstaltungen und dem Ressourcenverbrauch, zu erreichen. Wenn möglich, sollen diesen mehr Kosten zugerechnet werden.

Verzichtet werden soll allerdings auf eine Schlüsselung[11], da diese meist willkürlich ist.[12] Sollte das nicht möglich sein, ist ein Schlüssel zu finden, der die Kosten realitätsnah zuordnet.

Die Aufteilung der bereits thematisierten Bereitschaftskosten in Leer- und Nutzkosten ist eine weitere Anforderung an das KRS. Dadurch könnte beispielsweise die Kapazitätsauslastung der Hallen festgestellt werden.

Ein weiteres Thema sind die Bindungsfristen der Kosten. Überlegungen wurden dahingehend angestellt, dass bei der Eliminierung einer Veranstaltung die ihr direkt zugeordneten Kosten zum allergrößten Teil sofort wegfallen würden. Falls das neue KRS die Möglichkeit bietet, Ergebnisse respektive Kosten

---

11 Nähere Ausführungen folgen im Abschnitt 4.3.1
12 Vgl. Horváth (2011), S. 411.

für andere Kalkulationsobjekte zu erfassen, inwieweit und wie schnell sind diese dann beeinflussbar? Würden sie ebenfalls augenblicklich wegfallen oder gibt es z. B. Verträge, durch die sie gebunden sind? Zur übersichtlichen Darstellung dient Abbildung 3.

Neben all diesen Kriterien darf der Aspekte der praktischen Realisierbarkeit nicht vergessen werden. Ein KRS kann noch so passend sein, wenn es an der technischen Umsetzung scheitert, kann es nicht als hilfreiches Instrument dienen.

Anforderung	Merkmal	Konkrete Anforderung
Immaterialität	Intransparenz	Ermittlung von Deckungsbeiträgen unterschiedlicher Bezugsgrößen
und	Kostenstruktur	Steuerung der Personal-, Fix- und Gemeinkosten durch mehr Kostentransparenz
		Darstellung der Bindungsfristen
		Einteilung der Bereitschaftskosten in Leer- und Nutzkosten
Integrativität	Bereich-übergreifende Tätigkeiten	Transparenz der verbrauchten Ressourcen je Veranstaltung für die Erstellung eins Mengengerüsts
		Verursachungsgerechte Kostenzurechnung (möglichst ohne Schlüsselung)

Abbildung 3: Anforderungen an ein adäquates Kostenrechnungssystem im Messewesen
Quelle: Eigene Darstellung.

5 Kosten- und Leistungsrechnung

5.1 Überblick

Die Kosten- und Leistungsrechnung ist eines von vier Teilsystemen des betriebswirtschaftlichen Rechnungswesens. Im Mittelpunkt stehen dabei die wirtschaftlichen Vorgänge eines Unternehmens. Vervollständigt wird das betriebliche Rechnungswesen durch die Finanzrechnung, Finanzierungsrechnung sowie die Bilanz- und Erfolgsrechnung. Die Kosten- und Leistungsrechnung, auch internes Rechnungswesen oder Kostenrechnung genannt, ist ein Instrument, das die Prozesse der innerbetrieblichen Leistungserstellung zweckmäßig darstellt.[13]

Dabei sind drei zentrale Aufgaben zu erfüllen, welche aus der Planungsund Kontrollrechnung, die internen Zwecken dient, sowie aus der Dokumentationsfunktion, die von extern gefordert wird, bestehen.[14]

Eine Aufgabe der Planungsrechnung ist, dass sie eine Grundlage für Entscheidungen hinsichtlich Eigen- oder Fremdbezug, auch Make-or-Buy-Entscheidungen genannt, bietet.[15] Darüber hinaus werden mithilfe der Planungsrechnung Entscheidungen wie beispielsweise über das geeignetste Verfahren, Preisober- und Preisuntergrenzen oder das optimalste Produktprogramm vorbereitet. Die Kontrollrechnung liefert Ist-Daten und stellt somit die Grundlage für die Überprüfung der Wirtschaftlichkeit von z. B. im Unternehmen ablaufenden Prozessen durch Soll-Ist-Vergleiche dar.[16] Gegenstand der Kontrollrechnung ist auch der Vergleich des tatsächlichen mit dem geplanten Erfolgs eines Produkts, eines Projekts etc. Dadurch sollen bei Bedarf eventuelle Verbesserungsmaßnahmen frühzeitig eingeleitet werden können.

Die von extern geforderte Dokumentationsfunktion hat u. a. die Aufgabe, die Preise für öffentliche Aufträge zu kalkulieren oder Herstellungskosten zu ermitteln, um Eigenleistungen sowie Bestandsveränderungen zu aktivieren.[17]

---

13 Vgl. Coenenberg, Fischer & Günther (2012), S. 3, 11 ff.
14 Vgl. Weber & Schäffer (2011), S.136.
15 Vgl. Coenenberg, Fischer & Günther (2012), S. 22.
16 Vgl. Weber & Schäffer (2011), S.134 ff.
17 Vgl. Coenenberg, Fischer & Günther (2012), S. 22 f.

5.2 Relevante Kostenrechnungssysteme

Um das adäquateste KRS zu evaluieren, sollen nun die Prozesskostenrechnung als Vollkostenrechnung sowie die einstufige und mehrstufige Deckungsbeitragsrechnung, die Grenzplankostenrechnung sowie die relative Einzelkostenrechnung, die Systeme der Teilkostenrechnung darstellen, kurz erörtert werden.

5.2.1 Prozesskostenrechnung

Die Prozesskostenrechnung stellt kein eigenes KRS dar. Sie basiert auf der Vollkostenrechnung und kann als Ergänzung bzw. Verfeinerung dieser angesehen werden.[18] Die Prozesskostenrechnung setzt auf die traditionelle Kostenrechnungsgliederung in Kostenarten-, Kostenstellen- und Kostenträgerrechnung.[19] Die in indirekten Leistungsbereichen ablaufenden Prozesse, wie beispielsweise die der Verwaltung oder die des Vertriebs, werden in den einzelnen Phasen der Prozesskostenrechnung analysiert, strukturiert und mit Kosten bewertet.[20] Dadurch sollen eben genau diese, für Dienstleistungsbetriebe typischen Bereiche, transparenter werden.

5.2.2 Einstufige Deckungsbeitragsrechnung

Die einstufige Deckungsbeitragsrechnung spaltet alle Kosten in beschäftigungsvariable und beschäftigungsfixe Kosten. Den generierten Umsatzerlösen eines Produkts oder einer Veranstaltung werden nur die variablen Kosten gegenübergestellt. Das Ergebnis entspricht dem Deckungsbeitrag eines Kostenträgers. Die übrigen Fixkosten werden als Block betrachtet.

Dieser wird, um das Ergebnis einer Abrechnungsperiode zu ermitteln, von den summierten Deckungsbeiträgen aller Produkte abgezogen. Ein positives Ergebnis entspricht einem Gewinn, ein negatives einem Verlust.

---

18   Vgl. Weber & Schäffer (2011), S. 152.
19   Vgl. Remer (2005), S. 7.
20   Vgl. Steger (2010), S.161.

5.2.3 Mehrstufige Deckungsbeitragsrechnung

Basierend auf der einstufigen Deckungsbeitragsrechnung differenziert sich die mehrstufige durch eine detailliertere Fixkostenbetrachtung. Die Fixkosten werden mit dem Ziel aufgespalten, sie ohne jegliche Schlüsselung bestimmten Bezugsobjekten zuzuordnen. Auf diese Weise sollen sie zu Einzelkosten verschiedener Zurechnungsobjekten gemacht werden, die leichter zu durchschauen und handhabbarer sind. Der Fixkostenblock wird hierarchisch gegliedert und je nach Bedarf und Spezifizierung des Unternehmens in beispielsweise Sparten, Kundengruppen oder Regionen aufgeteilt.[21]

5.2.4 Grenzplankostenrechnung

Die Grenzplankostenrechnung ist ein spezielles Verfahren der Plankostenrechnung. Ziel dieser Rechnung ist die Ermittlung der Wirtschaftlichkeit des Einsatzes von Produktionsfaktoren. Es soll überprüft werden, ob die Istkosten sich in dem vorher festgesetzten Rahmen befinden und somit wirtschaftlich sind.

5.2.5 Relative Einzelkosten- und Deckungsbeitragsrechnung nach Riebel

Ziel der Ende der 1950er Jahre von Paul Riebel hervorgebrachten relativen Einzelkostenrechnung ist die Darstellung der Abhängigkeit von Kosten und Erlösen von unternehmerischen Entscheidungen. Er sieht betriebliche Entscheidungen als Entstehungsursache von Kosten und Erlösen, weshalb die Ursache-Wirkungs-Beziehung zwischen Entscheidungen sowie Kosten und Erlösen erkennbar gemacht werden soll. Kritik übt er am Verursachungsprinzip, da es seiner Meinung nach nicht präzise genug ist. Aus diesem Grund greift er auf das Identitätsprinzip zurück. Diese Form der Kostenzuweisung rechnet einem Bezugsobjekt nur dann Kosten und Erlöse zu, wenn diese auf die gleiche Entscheidung zurückzuführen sind wie das Bezugsobjekt selbst. Kosten und Erlöse werden bei Riebel nach der Disponierbarkeit und Zurechenbarkeit getrennt.[22]

---

21 Vgl. Coenenberg, Fischer & Günther (2012), S. 214 ff.
22 Vgl. Riebel (1994), S. 75 ff., S. 100.

6 Konzipierung und Anwendung eines adäquaten Kostenrechnungssystems

6.1 Evaluierung der Ergebnisse

Da mehrere KRS in Frage kommen, soll nun ein Hilfsmittel für die Entscheidung herangezogen werden: das Scoring Modell oder auch Punktebewertungsverfahren genannt. Es kann in Situationen, in denen mehrere Alternativen zur Auswahl stehen, hilfreich sein. In der Theorie scheint das Modell sehr komplex und kompliziert, wenngleich es doch in der praktischen Anwendung auch in einfacher Form umgesetzt werden kann.[23] Am praktischen Beispiel sieht der Aufbau des Modells in Anlehnung an die vorherige Tabelle wie folgt aus:

x-Achse:	Auflistung der verschiedenen KRS
y-Achse:	Auflistung der Anforderungen an ein adäquates KRS
zusätzliche Spalte:	Gewichtung der Anforderungen von 6 (sehr wichtig) – 1 (am wenigsten wichtig)
je Ergebnisfeld:	1) Inwieweit erfüllt ein KRS die Anforderungen im Vergleich zu den anderen Systemen 2) Bildung des Produkts: Gewichtung Anforderungen x Erfüllung Anforderungen
letzte Zeile:	die Summe aus den Ergebnissen je Spalte, die den Grad der Erfüllung der Anforderungen je System und somit deren Eignung in Zahlen wiedergibt

---

23   Vgl. Kreutzer (2006), 223 ff.

Kostenrechnungssysteme / Anforderungen	Prozesskostenrechnung	einstufige Deckungsbeitragsrechnung	mehrstufige Deckungsbeitragsrechnung	Grenzplankostenrechnung	relative Einzel- und Deckungsbeitragsrechnung
Schaffung von Kostentransparenz zur verbesserten Steuerung der Gemeinkosten: 6	4 ≙ 24	0 ≙ 0	2 ≙ 12	0 ≙ 0	3 ≙ 18
Direkte Ermittlung von Deckungsbeiträgen unterschiedlicher Hierarchieebenen: 5	0 ≙ 0	0 ≙ 0	3 ≙ 15	0 ≙ 0	4 ≙ 20
realitätsnahe Kostenzurechnung/Zurechnung der Gemeinkosten auf Bezugsgrößen: 4	3 ≙ 12	0 ≙ 0	4 ≙ 16	2 ≙ 8	4 ≙ 16
Erstellung eines umfangreicheren Mengengerüsts der einzelnen Veranstaltungen: 3	4 ≙ 12	0 ≙ 0	0 ≙ 0	0 ≙ 0	0 ≙ 0
Darstellung der Bindungsfristen: 2	0 ≙ 0	0 ≙ 0	0 ≙ 0	0 ≙ 0	4 ≙ 8
Einteilung der Bereitschaftskosten in Leer- und Nutzkosten: 1	0 ≙ 0	0 ≙ 0	0 ≙ 0	4 ≙ 4	0 ≙ 0
praktische Realisierbarkeit: 6	2 ≙ 12	4 ≙ 24	3 ≙ 18	3 ≙ 18	1 ≙ 6
	Σ 60	Σ 24	Σ 61	Σ 30	Σ 68

Abbildung 4: Anforderungen vs. relevante KRS im Scoring Modell
Quelle: Eigene Darstellung.

Beim Scoring Modell, welches aus sieben Anforderungen besteht, können maximal 90 Punkte erreicht werden. Drei der fünf Systeme erreichen dabei zwei Drittel oder mehr der möglichen Punkte. Deutlich wird auch, wie nahe beieinander die ersten drei Plätze liegen. Das Scoring Modell hebt die relative Einzelkosten- und Deckungsbeitragsrechnung als das geeignetste Kostenrechnungsverfahren hinsichtlich der erarbeiteten Zielsetzung hervor.

6.2 Modell einer Kostenrechnung für Messedienstleister

Da eine bloße Übertragung der traditionellen KRS auf Dienstleistungsbetriebe aus bereits erläuterten Argumenten nicht als zielführend angesehen wird, werden die Gesamtkosten des Unternehmens aufgeteilt. Die Einzelund Gemeinkosten sollen getrennt voneinander behandelt werden. In Bezug auf erstgenannte bringt die einstufige Deckungsbeitragsrechnung als Fundament eines KRS einige

Vorteile mit sich. So sind die Einfachheit der Anwendung sowie die durch dieses System zur Verfügung gestellten Informationen wie beispielsweise über die Produktions- und Absatzplanung als positiv anzusehen. Aussagen darüber, welche Messe aufgrund des höchsten Deckungsbeitrages gefördert oder wie viele Einnahmen mindestens erwirtschaftet werden sollten, um die angefallenen Kosten zu decken, können mithilfe der einstufigen Deckungsbeitragsrechnung getroffen werden. Die Idee die bisherige Kostenrechnung als Fundament beizubehalten, um die variablen Kosten wie bisher den jeweiligen Kostenträgern zuzuordnen, scheint zweckmäßig und zielführend. Infolgedessen fällt die Entscheidung auf die einstufige Deckungsbeitragsrechnung. Doch aufgrund der Tatsache, dass dieses KRS die Gemeinkosten nicht ausreichend berücksichtigt, ist noch ein weiteres Modell heranzuziehen.

Aus dem Scoring Modell ging hervor, dass die relative Einzelkosten- und Deckungsbeitragsrechnung nach Riebel am geeignetsten im Hinblick auf die gestellten Anforderungen des Unternehmens ist. Deshalb soll mit diesem Verfahren der Gemeinkostenblock aufgeschlüsselt und dadurch transparenter gemacht werden. Riebel sieht betriebliche Entscheidungen als Entstehungsursache von Kosten und Erlösen, weshalb die Ursache- Wirkungs-Beziehung zwischen Entscheidungen sowie Kosten und Erlösen erkennbar gemacht werden soll. Dazu ist allerdings die Bildung von Bezugsgrößen notwendig, die Riebel als eine „qualitativ, quantitativ, räumlich und/oder zeitlich abgegrenzte Größe, der bestimmte Kosten, Erlöse, Mengenverbräuche und andere Geld- und Mengengrößen gegenübergestellt oder zugeordnet werden, insbesondere in Form statistischer Beziehungszahlen oder Kennzahlen"[24] definiert. Die einem Bezugsobjekt zurechenbaren Kosten werden als relative Einzelkosten bezeichnet. Es wird keine Trennung mehr in fixe und variable Kosten vorgenommen, vielmehr wird davon ausgegangen, dass alle Kosten Einzelkosten sind, wenn sie der richtigen Bezugsgröße zugeordnet werden. Infolgedessen kann auf jegliche Schlüsselung verzichtet werden.[25] Neben der Zuteilung der Kosten auf die jeweiligen Bezugsgrößen, die die sachliche Bezugsgrößenhierarchie darstellt, erfolgt ebenfalls eine Unterteilung der Kosten nach Kostenarten und Kostenkategorien. Für deren Bildung sind Kriterien wie

---

24   Riebel (1994), S.759.
25   Vgl. Horváth (2011), S. 413.

der Ausgabecharakter, die Disponierbarkeit, das Verhalten gegenüber Haupteinflussfaktoren sowie die Genauigkeit der Erfassung besonders wichtig.

Die zeitintensive und komplizierte Bestimmung von Bezugsobjekten wird oft als Argument gegen die relative Einzelkostenrechnung eingesetzt. Da sich dieses System allerdings sehr gut an die Struktur des Unternehmens anpasst, ist die Herausarbeitung einer Bezugsgrößenhierarchie ohne größere Probleme möglich.

Die Kombination der beiden Systeme scheint zweckmäßig, sinnvoll und praktikabel. Durch deren kombinierten Einsatz werden sämtliche Kosten des Unternehmens betrachtet, was für den langfristigen Erfolg unerlässlich ist. Weiterhin werden vier der sechs Anforderungen erfüllt und auch die Forderung nach der praktischen Realisierbarkeit ist durch die Kombination eines sehr einfachen, mit einem eher schwierig zu implementierenden System, Rechnung getragen. Ob der Anforderung nach einem umfangreicheren Mengengerüst entsprochen wird, zeigt sich erst bei der Umsetzung in die Praxis bzw. bei der beispielhaften Anwendung, die im Anschluss folgt. Lediglich die Anforderung bezüglich der Einteilung in Nutz- und Leerkosten wird nicht erfüllt.

6.3 Einsatzmöglichkeiten des Modells bei Messedienstleistern

6.3.1 Überblick

Durch das kombinierte Modell entstehen divergente Möglichkeiten zum Einsatz des KRS. So können zum einen die Ergebnisse der einzelnen Veranstaltungen schnell und einfach ermittelt werden. Zum anderen können die Kosten anderer Bezugsgrößen übersichtlich und darüber hinaus mit deren Bindungsfristen angegeben werden. Weiterhin lassen sich problemlos leicht verständliche Erfolgsrechnungen erstellen, die je nach Erfordernis nach unterschiedlichen Kriterien aufgebaut werden können. Der Anforderung nach einem System, welches die gesamten Kosten des Unternehmens betrachtet und für kurz- sowie langfristige Entscheidungen eine fundierte Grundlage bietet, wird dadurch entsprochen.

6.3.2 Beispielhafte praktische Anwendung des Modells

Erstellung eines BAB

Mit Zahlen, Daten und Fakten einer Messegesellschaft aus Süddeutschland soll das erarbeitet Modell nun exemplarisch angewandt werden. Aufgrund der Tatsache, dass die einstufige DBR sehr simpel in der Anwendung ist, liegt der Schwerpunkt allerdings auf der beispielhaften praktischen Implementierung der relativen Einzelkostenrechnung. Hierzu ist zunächst die Erstellung der ersten Dimension nach Riebel notwendig, bei der die Gemeinkostenblöcke wie in Abbildung 5 dargestellt verteilt werden.

Hierarchie		Konkretisierung / Kostenarten
Unternehmen	❯	▪ Geschäftsführung, Kommunikation, Vertrieb, Technik, Finanzen/Verwaltung
Bereich	❯	▪ Messe allgemein, Event allgemein
Kostenstelle	❯	▪ Versicherungen, EDV/IT, Steuern, Zinsen, Aufwendungen für Rückstellungen, Energie, Abschreibungen
Kostenträgergruppe	❯	▪ B2B, B2C, Event-Mitarbeiter I, Event-Mitarbeiter II
Kostenträger	❯	▪ Einzelne Messen und Events wie bspw. die Oberrhein Messe, Geotherm

Abbildung 5: Bezugsgrößenhierarchie der zur beispielhaften Darstellung herangezogenen Messegesellschaft
Quelle: Eigene Darstellung.

- **Nicht ausgabenwirksame Kosten:**
  Kosten werden in der Kostenrechnung zwar abgebildet, allerdings fließt kein Geld.
  → Können als kalkulatorische Unternehmerlohn angesehen werden.
- **Ausgabenwirksame Kosten:**
  Mit einer echten Geldausgabe verbunden.
  → Gehälter, Reparaturen, etc.

- **Ausgabenferne Kosten:**
  Nur langfristig mit Ausgaben verbunden.
  → Abschreibungen
- **Ausgabenahen Kosten:**
  Fallen z. B. für Produktionsfaktoren an, die innerhalb der betrieblichen Leistungserstellung verbraucht und neu beschafft werden.
  → Material- oder Personalkosten
- **Zeitraumbezogenen Bereitschafts- und stückbezogenen Leistungskosten:**
  Diese Unterteilung entspricht der Gliederung nach dem Verhalten gegenüber den Haupteinflussfaktoren. Bereitschaftskosten können einzelnen Kostenträgern nicht zugerechnet werden, Leistungskosten hingegen schon.
- **Mischkosten:**
  Wird gewählt werden kann, wenn eine Kostenart sowohl aus fixen als auch variablen Elementen besteht oder keiner Kategorie eindeutig hinzugerechnet werden kann.
- **Periodeneinzelkosten (nur bei Bereitschaftskosten):**
  Tages-, Wochen-, Monats-, Quartals- oder Jahreseinzelkosten, je nachdem, wann sie bei einer entsprechenden Entscheidung wegfallen würden.
- **Periodengemeinkosten (nur bei Bereitschaftskosten):**
  Unterteilung in geschlossene Perioden (→ IT-Kosten, die über 2 Jahre vertraglich fixiert sind) und offene Perioden (→ Stromkosten, die keiner Veranstaltung direkt zugerechnet werden und vertraglich festgelegt sind. Dieser Vertrag endet erst mit der Einstellung des Betriebes der Gesellschaft. Da dies offen ist, handelt es sich um Kosten offener Perioden). Periodengemeinkosten sind stets beschäftigungsfix, Periodeneinzelkosten können hingegen beschäftigungsvariabel – oder fix sein.[26]

An der Bezugsgröße Kostenstelle soll die Kostenzuordnung nach Riebel nun veranschaulicht werden. In den Spalten stehen die Bezugsgrößen, in den Zeilen die Kostenkategorien und -arten.

---

26   Vgl. Riebel, 1994, S. 94 ff.

Beispielhaft sind hier die Bezugsgrößen EDV/IT, AfA und Energie abgebildet. Die Abschreibung wird laut Definition dazu verwendet, den Werteverzehr des Anlage- und Umlaufvermögens zu erfassen. Als Aufwand verringert dieser Werteverzehr den Gewinn eines Unternehmens. Die dadurch eingesparten Steuern sollen nach dem Ausscheiden des Wertgegenstandes aus dem Unternehmen zum Kauf eines neuen Wirtschaftsgutes verwendet werden.[27] Abschreibungen stellen somit ausgabenwirksame Kosten dar, die allerdings, weil sie erst langfristig gesehen mit Ausgaben verbunden sind, ausgabenfern sind.

Bei den hier aufgeführten Energiekosten, die lediglich noch die Kosten darstellen, die keiner Veranstaltung direkt zugerechnet wurden, handelt es sich um Wasser-, Strom- und Gaskosten, die vertraglich festgelegt sind. Da das Ende allerdings offen ist und der Vertrag erst mit der Einstellung des Betriebes aufgelöst wird, handelt es sich hierbei um fixe Periodengemeinkosten offener Perioden.

---

27   Vgl. Schaffhauser-Linzatti (2006), S. 33 f.

Bezugsgrößen						Kostenarten	Kostenstelle		
							Abschreibung	Energie	EDV / IT
ausgabenwirksame Kosten	ausgabennahe Kosten	Bereitschaftskosten	Periodeneinzelkosten	beschäftigungsfixe Kosten	Tag	Reinigung, Müllentsorgung ohne VA			20,00
						Summe:			20,00
			Periodengemeinkosten		geschlossene Perioden	IT			68.855,55
						Support			28.929,13
						Wartung			401,62
						Foto-/Kuvertier			3.643,58
						Drucker			17.653,09
						Summe:			119.482,97
					offene Periode	Strom		19.027,15	
						Wasser		15.628,94	
						Heizung/Gas		11.693,91	
						Summe:		46.350,00	
ausgabenferne Kosten						Abschreibung			
						-imm. VG	18.670,90		
						-Sachanlagen	2.153.582,49		
						-GWG	10.036,90		
						-Pool 2008	5.406,00		
						-Pool 2009	7.990,00		
						Summe:	2.195.686,29		
						Summe gesamt:	2.195.686,29	46.350,00	119.502,97

Abbildung 6: Betriebsabrechnungsbogen ausgewählter Kostenstellen
Quelle: In Anlehnung an Coenenberg, Fischer & Günther (2012), S. 231

Die Reinigungskosten, die unabhängig von einer Veranstaltung anfallen, sind ausgabennah, da in jedem Fall eine zeitnahe Ausgabe damit verbunden ist. Darüber hinaus repräsentieren sie Periodeneinzelkosten, die bei der Abschaffung dieses Dienstes sofort wegfallen würden. Zeitlich wurden sie deshalb in die Kategorie der Tageskosten eingeordnet. Bei der Zuordnung der weiteren Kosten dieser Kostenstelle wie den Fotokopier- und Kuvertier-, den Support- und Druckerkosten kam das Prinzip der überwiegenden Zugehörigkeit zum Tragen. Da diese zu ca. 80% aus Leasingbzw. Vertragskosten bestehen, wurden sie zu den Periodengemeinkosten gezählt. Aufgrund der vertraglichen Gebundenheit sind sie nicht umgehend beeinflussbar, sondern fallen erst bei Vertragsende weg. Da dieses nicht offen sondern auf zwei bzw. drei Jahre begrenzt ist, gehören sie zu den Kosten der geschlossenen Periode.

Der klare Vorteil dieser Auflistung liegt in der Darstellung der Bindungsfristen. Üblicherweise sind in Betriebsabrechnungsbögen (BAB) die Kosten ohne weitere Differenzierungen aufgeführt. Durch die Angabe der Bindungsfristen werden die Folgen einer Entscheidung hinsichtlich der Kosten umgehend ersichtlich. Darüber hinaus wird auf einen Blick erkennbar, welche Kosten in dem jeweiligen BAB enthalten sind und ob es welche gibt, die zu eliminieren sind. Der wichtigen Anforderung, der Schaffung von Kostentransparenz, wird durch diese Auflistung Rechnung getragen. Allerdings stellten sich gleich zwei Aspekte während dieser Zuteilung als negativ heraus. Zum einen war eine eindeutige Zuordnung der Kosten oft sehr schwierig, da einige aus unterschiedlichen Elementen wie beispielsweise variablen und fixen Kosten bestanden. Zum anderen war diese Zuteilung mit einem immensen Zeitaufwand verbunden.

Erfolgsrechnung

Durch die Verwendung des kombinierten Modells kann des Weiteren ein retrogrades Kalkulationsschema aufgebaut werden, mit dem zum einen die Berechnung von Deckungsbeiträgen verschiedener Bezugsgrößen möglich ist. Zum anderen ist auch die Variante möglich, die die Kostenkategorien in den Mittelpunkt stellt. Anhand dieser Rechnung können stufenweise die Kosten hinsichtlich ihrer zeitlichen Bindung aufgeführt werden.

Das dem ersten Teil der Berechnung in Abbildung 7 zugrunde liegende KRS ist die einstufige Deckungsbeitragsrechnung. Von den kumulierten Erträgen der einzelnen Veranstaltungen je Kostenträgergruppe werden die ebenfalls kumulierten Kosten abgezogen. Daraus resultiert der DB I, der die addierten DBs aller

Veranstaltungen der jeweiligen Kostenträgergruppen darstellt. In diesem Schritt wird die Brücke zur relativen Einzelkostenrechnung geschlagen.

Um das Ergebnis der Kostenträgergruppen B2B, B2C, Event I und Event II zu erhalten, werden die direkt diesen Bereichen zuordenbaren Personalkosten abgezogen.

Danach erfolgt durch Subtraktion der Bereichskosten das Ergebnis der beiden Bereiche Messe und Event. Um den DB IV zu ermitteln, sind zwei wietere Schritte notwendig. Zuerst werden die Kosten der Kostenstellen wie beispielsweise die Zinskosten, die Einstellung von Rückstellungen oder Versicherungen abgezogen. Der Richtigkeit halber sind nun noch die Erträge hinzuzufügen.

Auch im letzten Schritt sind nach dem Subtrahieren der Unternehmenskosten die dieser Bezugsgröße direkt zurechenbaren Erträge hinzuzuaddieren. Somit stehen dann die Vertriebskosten den Vertriebserträgen sowie die Verwaltungskosten den Verwaltungserträge gegenüber. Der Sachverhalt der genauen Zuordnung der veranstaltungsunabhängigen Erträge in den jeweiligen Hierarchieebenen ist zwingend zu beachten. Frei entschieden werden kann hingegen die Reihenfolge, in der beispielsweise die Kostenstellenkosten und -erlöse sowie die Unternehmenskosten und -erlöse in die Rechnung mit aufgenommen werden. Je nachdem, welche Informationen der Entscheider benötigt, könnte beispielsweise die Kostenstellen- mit der Unternehmensebene getauscht werden.

Kosten / Ergebnisse	B2C	B2B	Event MA I	Event MA II
Erträge Kostenträger (kumuliert)	3.546.000	567.000	1.476.000	898.000
- Aufwand Kostenträger (inkl. Aller variabler Kosten)	-1.933.000	-347.000	-689.000	-354.000
Deckungsbeitrag I	1.613.000	220.000	787.000	544.000
- Kostenträgergruppen-Kosten (Gehälter B2B, B2C, Event I, II)	-161.000	-118.000	-68.000	-61.000
Kostenträgergruppen-Ergebnis	1.452.000	102.000	719.000	483.000
Deckungsbeitrag II (Brutto-Betriebsergebnis)	1.554.000		1.202.000	
- Bereichskosten (Messe- und Eventbereich)	-15.000		-6.000	
Bereichs-Ergebnis	1.539.000		1.196.000	
Deckungsbeitrag III	2.735.000			
- Kostenstellenkosten (Einstellung von Rückstellungen, Zinsen, Abschreibungen, etc.)	-3.455.000			
+ Kostenstellenerträge (Zinsen, Energie, Versicherung Instandhaltung, Personalverwaltung)	116.000			
Deckungsbeitrag IV	-604.000			
- Unternehmenskosten (Geschäftsführung, Kommunikation allg.)	-1.494.000			
+ Unternehmenserträge (Vertrieb und Finanzen / Verwaltung	48.000			
Deckungsbeitrag V (Netto-Betriebsergebnis)	-2.050.000			

Abbildung 7: Erfolgsrechnung Hierarchieebenen
Quelle: In Anlehnung an Coenenberg/Fischer/Günther, 2012, S. 237.

6.3.3 Möglichkeiten des Modells

Das aus zwei Kostenrechnungen zusammengefügte KRS bietet die Möglichkeit, flexibel und adäquat auf unterschiedliche Situationen zu reagieren, da sowohl lang- als auch kurzfristige Entscheidungen aus einer fundierten Basis heraus getroffen werden können. Des Weiteren ist gewährleistet, dass die gesamten Kosten eines Unternehmens betrachtet und miteinbezogen werden. Diese können mithilfe der beiden vorgestellten Rechenwege eindeutig, übersichtlich und umfassend dargestellt werden.

So ist das vorteilhafte an dem oben dargestellten BAB die sich bietende Übersicht, bei der auf einen Blick die Zusammensetzung der Kosten sowie deren Bindungsfristen deutlich wird. Durch die Angabe der Bindungsfristen werden die Folgen einer Entscheidung hinsichtlich der Kosten umgehend erkennbar. Darüber hinaus wird auf einen Blick erkennbar, welche Kosten in dem jeweiligen BAB enthalten sind und ob einige direkt eliminiert werden können. Hierdurch erhöht sich die Kostentransparenz eines Unternehmens.

Das Besondere an der Erfolgsrechnung ist hingegen die Vereinigung der zwei KRS. Im oberen Teil werden die Resultate der einstufigen Deckungsbeitragsrechnung dargestellt, durch die die laufenden Rechnungen zeitnah und einfach befriedigt werden. Der untere Teil befasst sich mit den Gemeinkosten, durch deren Kategorisierung monatliche, quartalsweise oder auch jährliche Rechnungen ermöglicht werden. Dieses Schema erlaubt einerseits ein praktikables Verfahren zur Berechnung der Deckungsbeiträge, andererseits kann dem Problem der Gemeinkostentransparenz dadurch entsprochen werden.

6.3.4 Schwierigkeiten des Modells

Vor allem der zweite Teil des Modells, die relative Einzelkostenrechnung, bringt eine gewisse Komplexität mit sich. Die ihr als großer Kritikpunkt anlastende Schwierigkeit der praktischen Realisierung kann zweifellos bestätigt werden. Die Zuordnung der Kosten zu den verschiedenen Kategorien fordert einerseits ein enormes Zeitkontingent, andererseits ist eine deutliche Abgrenzung bzw. Zuteilung der Kosten oft sehr schwierig. Der mit einer expliziten Zuweisung verbundene Aufwand steht oft nicht im Verhältnis zu dem daraus hervorgehenden Nutzen. Diesbezüglich sollte sich auch immer die Frage nach der Relation zwischen Nutzen und Aufwand gestellt werden. Unter der Prämisse den Aufwand so gering wie möglich zu halten, würde sich beispielsweise das Prinzip der überwiegenden Zugehörigkeit anbieten, welches auch hier Anwendung fand.

Des Weiteren impliziert die relative Einzelkostenrechnung aufgrund der verschiedenen Kategorisierungen einen großen Interpretationsspielraum. So hätten die Telefonkosten beispielsweise drei verschiedenen Kategorien zugerechnet werden können. Wird das System von mehreren Mitarbeitern angewandt, enthält dieser Interpretationsspielraum ein erhebliches Fehlerpotential. Auch in dieser Hinsicht tauchen in der Praxis höchstwahrscheinlich einige Schwierigkeiten auf. Für sinnvolle, aussagekräftige und zweckdienliche (Jahres-)Vergleiche ist eine permanent gleiche, konsequente Zurechnung unerlässlich.

7   Fazit

Im Fokus des Beitrags stand die Konzipierung eines KRS, welches in der Lage ist, die bei Messegesellschaften häufig auftretenden kostenrechnerischen Probleme zu lösen. Begründet lagen diese einerseits in einem intransparenten Gemeinkostenblock, welcher durch die einstufige Deckungsbeitragsrechnung, die bei diesen Unternehmen in aller Regel zum Einsatz kommt, weitgehend unberücksichtigt bleibt. Dessen Volumen macht die Kostensituation hinsichtlich der Gemeinkosten meist sehr komplex und unübersichtlich.

Andererseits wird dieser Kostenrechnung eine gewisse Inflexibilität hinsichtlich der Lieferung von differenzierten Daten unterstellt. Für von Geschäftsführern oder Unternehmern zu treffende Entscheidungen bezüglich der Orientierung bzw. Strategieplanung sollte beispielsweise das Ziehen qualifizierter Vergleiche zwischen einzelnen Abteilungen oder verschiedener Geschäftsbereichen ermöglicht werden. Die einstufige Deckungsbeitragsrechnung kann diese Aufgabe nicht zufriedenstellend lösen.

Um ein adäquates KRS zu modellieren, wurden die in der Problemstellung herausgearbeiteten Fakten in der Zielsetzung zu zwei Thesen formuliert. Diese wurden dann im Verlauf der Ausarbeitung auf ihre Richtigkeit überprüft. Die erste These, bezogen auf den multilateralen Einsatz des neuen Systems, wurde dadurch bestätigt, dass die relative Einzelkostenrechnung u. a. die Ermittlung von Deckungsbeiträgen unterschiedlicher Bezugsgrößen, das Anstellen von qualifizierten Vergleichen sowie die Darstellung der Bindungsfristen der Kosten möglich machte.

Auch die These hinsichtlich der Kostentransparenz konnte verifiziert werden. Die in der relativen Einzelkostenrechnung geforderte Aufteilung der Kosten war mit deren Analyse gleichzusetzen, da die oftmals schwierige Zuordnung eine ausführliche Auseinandersetzung mit dem Thema forderte. Dadurch wurde u. a. der Gemeinkostenblock entzerrt und in Folge dessen transparenter. Darüber hinaus verringerte sich auch dessen Volumen, da bei der Kategorisierung einige Kosten gefunden wurden, die den Veranstaltungen direkt zurechenbar waren.

Stetiges Wachstum ist ein bedeutendes Ziel für Messegesellschaften, welches auf der einen Seite ein ebenfalls stetiges Wachstum der Gemeinkosten zur Folge hat. Auf der anderen Seite entstehen dadurch immer öfter Situationen, in denen differenzierte Betrachtungsweisen notwendig sind. Mit Blick in Richtung Zukunft scheint es daher zweckmäßig und sinnvoll, das in diesem Beitrag modellierte Konzept als neues System in Betracht zu ziehen. Denn die einstufige Deckungsbeitragsrechnung, die für die Ermittlung der Veranstaltungs-Ergebnisse ein wichtiges Instrument ist, ermöglicht zeitnahe und einfache Berechnungen. Um hingegen die Gesamtsituation sowie die gesamten Kosten eines Unternehmens zu erfassen, stellt die relative Einzelkostenrechnung ein zielführendes und vervollständigendes KRS dar, wenngleich dessen Einführung in der Praxis mit großem Aufwand verbunden ist. Mit diesem Modell werden somit einerseits die Gesamtkosten des Unternehmens berücksichtigt, andererseits aber auch passende, situationsabhängig Auswertungen ermöglicht.

Wie anfangs zitiert, sollte eine Aktualisierung des KRS weder von Messegesellschaften noch von anderen Unternehmen als lästige Pflicht, sondern vielmehr als Chance wahrgenommen werden, eine fundierte Rechenbasis zu schaffen. Mithilfe derer können Kosten rationalisiert und die Wirtschaftlichkeit des Unternehmens erhöht werden. Denn nur auf einem verlässlichen, minenfreien Fundament lassen sich neue Herausforderungen an- und Insolvenzverwalter umgehen.

Literaturverzeichnis

Bruhn, M. & Stauss, B. (Hrsg.) (2005): Dienstleistungscontrolling, Wiesbaden.

Coenenberg, A. G., Fischer, T. M. & Günther, T. (2012): Kostenrechnung und Kostenanalyse, 8.Aufl., Stuttgart.

Günter, C. (2004): Controlling in Dienstleistungsbetrieben, Norderstedt.

Haller, S. (2010): Dienstleistungsmanagement: Grundlagen, Konzepte, Instrumente, 4. Aufl., Wiesbaden.

Handelsblatt (2012): Die Minenfelder für den Mittestand. In: http://www. handelsblatt.com/unternehmen/mittelstand/gefaehrlichste-geschaeftsfelder-die-minenfelder-fuer-den-mittelstand/6766364.html. Zugriff am 26.06.2013.

Horváth, P. (2011): Controlling, 12. Aufl., München.

Pepels, W. (2006): Produktmanagement, 5. Aufl., München.

Reckenfelderbäumer, M. (1994): Marketing-Accounting im Dienstleistungsbereich, Wiesbaden.

Reckenfelderbäumer, M. (1998): Entwicklungsstand und Perspektiven der Prozesskostenrechnung, 2. Auflage, Wiesbaden.

Remer, D. (2005): Einführung der Prozesskostenrechnung: Grundlagen, Methodik, Einführung und Anwendung der verursachungsgerechten Gemeinkostenzurechnung, 2. Aufl., Stuttgart.

Riebel, P. (1994): Einzelkosten- und Deckungsbeitragsrechnung: Grundfragen einer markt- und entscheidungsorientierten Unternehmensrechnung, 7. Aufl., Wiesbaden.

Schaffhauser-Linzatti, M. (2006): Grundzüge des Rechnungswesens: Bilanzierung, Bilanzanalyse und Kostenrechnung, 2. Aufl., Wien.

Steger, J. (2010): Kosten- und Leistungsrechnung, 5. Aufl., München.

Weber, J. & Schäffer, U. (2011): Einführung in das Controlling, Stuttgart.

Werner, T. (2006): Kostenrechnung in Dienstleistungsunternehmen, Norderstedt.

ERFOLGSANALYSE VON KOOPERATIONEN

DARGESTELLT AM BEISPIEL EINER KOOPERATION ZWEIER MESSEGESELLSCHAFTEN

Tobias Hönig

Inhaltsverzeichnis

Abbildungsverzeichnis

I   Einleitung und Problemstellung

„Sterne am Verblassen.“[1] So titelt Carsten Dierig in der Ausgabe der Zeitung „Die Welt" vom 04. September 2012 und beschreibt damit passend die problematische Entwicklung deutscher Publikumsmessen. Viele seit Jahrzehnten existierende, ehemals erfolgreiche Publikumsmessen haben in den vergangenen Jahren deutliche Einbußen bei Aussteller- und Besucherzahlen hinnehmen müssen. Negativer Höhepunkt war dabei das Jahr 2009, als Publikumsmessen in Deutschland deutliche Einbrüche sowohl bei Besucher-, Aussteller- als auch Flächenzahlen verzeichneten.[2]

Gerade der in der Gesellschaft vorherrschende demografische Wandel, der Fortschritt in der digitalen Kommunikationstechnologie sowie die veränderten Konsum- und Einkaufsgewohnheiten stellen Messeveranstalter vor Herausforderungen.[3] Gestiegene Anforderungen an Publikumsmessen bedingen seitens der Veranstalter modernere, zukunftsorientierte Konzepte, um weiterhin am Markt bestehen, Wettbewerbsvorteile aufbauen und dem Negativtrend entgegenwirken zu können.[4] Ausgehend von dieser Entwicklung resultiert die Notwendigkeit, systematisch neue, zukünftige Erfolgspotentiale und -profile zu identifizieren.[5]

Um dieser Entwicklung entgegenzuwirken und die gestiegenen Anforderungen zu erfüllen, wurde seitens der Messegesellschaft „X" (nachfolgend „X") und der Messegesellschaft „Y" (nachfolgend „Y") im Rahmen eines bis dato für die deutsche Messeindustrie einzigartigen Kooperationsprojektes eine neue Publikumsmesse, die Messe „Z" entwickelt um von gegenseitigen Synergien zu profitieren. Diese wurde im Jahre 2013 erstmals gemeinsam auf dem Messegelände „X" durchgeführt.

Angesichts der Zahl von rund 35.000 von erwarteten 100.000 Besuchern stellt sich jedoch die Frage nach dem Erfolg und dem zukünftigen Potential dieses neuartigen Kooperationsprojektes.

---

1   Dierig (2012), o. S.
2   Vgl. AUMA (2013), S. 127.
3   Vgl. AUMA (2012a), S. 9.
4   Vgl. Kromer von Baerle & Müller (2003), S. 781 f.
5   Vgl. AUMA (2012a), S. 9 f.

Aus dieser Tatsache resultiert das Interesse des Autors, die Kooperation zwischen „X" und „Y" anhand der Messe „Z" zu untersuchen und als Forschungsobjekt der vorliegenden Arbeit heranzuziehen, wobei selbige hinsichtlich des Erfolges anhand unterschiedlicher quantitativer wie auch qualitativer Parameter zu analysieren ist. Die vorliegende Arbeit soll dabei eine Entscheidungshilfe für oder gegen eine Fortführung des Kooperationsprojektes liefern.

2   Theoretische Grundlagen zu Kooperationen

2.1   Begriff und Definition von Kooperationen

Die Thematik der Kooperation ist aktueller denn je. Dies bestätigt sich in unterschiedlichen Wirtschaftsnachrichten, in welchen zunehmend häufiger über Kooperationen aus diversen Branchen berichtet wird. Als Beispiele seien die Kooperation zwischen dem Energie-Konzern Eon und dem Metro- Konzern[6] oder die Kooperation zwischen den beiden Pharma-Riesen Boehringer Ingelheim aus Deutschland und Eli Lily aus den Vereinigten Staaten von Amerika[7] zu nennen. Auch in der Schifffahrt steht eine Kooperation zwischen den Branchen-Magnaten aus der Sparte der Containerschifffahrt Moller-Maersk, MSC und CMA CGM bevor. Diese wollen sich ab dem Jahre 2014 zusammenschließen.[8]

Die mit diesen Kooperationen verfolgten Ziele sind dabei unterschiedlich und reichen von einer Verbesserung der eigenen Wettbewerbsposition über Kostenersparnisse bis hin zu einer besseren Krisenbewältigung.[9] Auch Wachstum, welches jedoch zumeist mit hohen Kosten verbunden ist, stellt ein weiteres Motiv zu kooperieren dar, um dem globalen Wettbewerbsdruck standhalten zu können.[10]

Um im Rahmen des Beitrags auf ein einheitliches und besseres Grundverständnis zurückgreifen zu können, werden in den folgenden Abschnitten die theoretischen Grundlagen zum relevanten Untersuchungsobjekt der Kooperation erläutert. Auf Basis der Ausführungen in diesem Gliederungspunkt sind die Begriffe Kooperation, zwischenbetriebliche Zusammenarbeit und Unternehmenskooperation für den weiteren Verlauf des Beitrags als synonym zu verstehen.[11]

Der Begriff der Kooperation findet seinen Ursprung in der lateinischen Sprache und lässt sich mit „Zusammenarbeit oder auch gemeinschaftlicher Erfüllung von

---

6   Vgl. Heide (2013), o. S.
7   Vgl. Fockenbrock (2012), o. S.
8   Vgl. o. V. (2013), o. S.
9   Vgl. Fockenbrock (2012), o. S.; o. V. (2013), o. S.
10 Vgl. Fockenbrock (2012), o. S.
11 Vgl. Drews (2001), S. 45; Teusler (2008), S. 7.

Aufgaben"[12] übersetzten.[13] Diese Zusammenarbeit kann sowohl zwischen „Personen, Gruppen, Institutionen oder Nationen"[14] stattfinden. Grundsätzlich spricht man von einer Kooperation bei der Zusammenarbeit mehrerer, mindestens aber zweier Unternehmen.[15]

Dennoch findet sich bis dato keine einheitliche Definition zum Begriff der Kooperation.[16] In Theorie wie auch Praxis existieren diverse vielfältige Auffassungen, wodurch sich bis heute kein universelles Verständnis durchsetzen konnte.[17]

Für einen umfassenden Ansatz und um die zu Grunde liegende Komplexität von Kooperationen zu verstehen, erscheint es aus Sicht des Autors notwendig, einige unterschiedliche Definitionen von Kooperationen näher zu erläutern, um darauf aufbauend eine eigenständige Definition, die des Beitrags zu Grunde gelegt werden soll, entwickeln zu können.

Für Rotering bedeutet eine Kooperation „die bewußte, explizit vereinbarte, jederzeit einseitig kündbare Zusammenarbeit zwischen Unternehmen"[18]. Schäper hingegen erweitert diese Auffassung um eine weitere Variable und versteht unter Kooperation den Zusammenschluss von Unternehmen, die, unter Beibehaltung ihrer Selbstständigkeit, zur Erreichung eines gemeinsamen Zieles zusammenarbeiten.[19] Somit wird Roterings Definition um die Selbstständigkeit und die gemeinsame Zielerreichung erweitert. Eine weitere Ausführung findet sich bei Fontanari. Selbiger versteht „Kooperationen als das Streben nach Steigerung der Wettbewerbsfähigkeit der beteiligten Unternehmen unter Beibehaltung ihrer Selbstständigkeit"[20]. Fontanari baut folglich die voranstehenden Definitionen um das Kennzeichen der Verbesserung der Wettbewerbsfähigkeit aus. Ein weiteres Kooperationsverständnis vertritt Friese, welche Kooperation wie folgt definiert:

---

12 Tröndle (1987), S. 15.
13 Vgl. Tröndle (1987), S. 15; Rotering (1993), S. 6; Fontanari (1996), S. 34.
14 Vgl. Tröndle (1987), S.15.
15 Vgl. Teusler (2008), S. 8.
16 Vgl. Branz (2009), S. 3.
17 Vgl. Friese (1998), S. 57; Rotering (1993), S. 6 f; Rupprecht-Däullary (1994), S. 5.
18 Rotering (1993), S. 13.
19 Vgl. Schäper (1997), S. 1.
20 Fontanari (1996), S. 36.

> *„Kooperation ist die freiwillige Zusammenarbeit von rechtlich selbstständigen Unternehmen, die ihre wirtschaftliche Unabhängigkeit partiell zugunsten eines koordinierten Handelns aufgeben, um angestrebte Unternehmensziele im Vergleich zum individuellen Vorgehen besser erreichen zu können."*[21]

Diese wenigen Definitionen zeigen bereits, dass in wissenschaftlichen Ausführungen übereinstimmende sowie sich unterscheidende Auffassungen zum Kooperationsbegriff existieren. Dabei herrscht weitestgehend das einheitliche Grundverständnis, dass es sich bei einer Kooperation um die Zusammenarbeit zwischen mehreren Unternehmen handelt.[22] Dies findet sich in nahezu jeder der obigen Definitionen wieder. Auch die Erhaltung der Selbstständigkeit der kooperierenden Unternehmen ist den meisten Definitionen gemeinsam. Dennoch findet sich kein grundsätzlich einheitliches Verständnis zu Kooperationen, wodurch differenzierte Auffassungen seitens der Autoren den unterschiedlichen wissenschaftlichen Arbeiten zugrunde liegen.

Obwohl sich in der Literatur noch weitere Ausführungen hinsichtlich der Definition von Kooperationen finden lassen, soll sich aufgrund des vorgegebenen Rahmens des Beitrags auf die dargestellten Definitionen beschränkt werden. Vielmehr erscheint es sinnvoll, ausgehend von obigen Ausführungen eine eigene Definition von Kooperation durch den Autor zu entwickeln, welche als Bezugsrahmen des Beitrags gilt. Diese lautet wie folgt:

> *Unter einer Kooperation versteht man den freiwilligen Zusammenschluss von wenigstens zwei unabhängigen und selbstständigen Unternehmen, die sich als Zweckgemeinschaft, durch Erfüllung eines gemeinsamen Zieles, Wettbewerbsvorteile auf dem für sie relevanten Markt verschaffen wollen.*

Abzugrenzen ist der Begriff der Kooperation grundsätzlich von dem der Konzentration. Kennzeichen einer Konzentration ist im Gegensatz zur Kooperation die Abnahme der jeweiligen unternehmerischen Selbstständigkeit, die Bindung an den Partner sowie ebenfalls die „Zusammenlegung der unternehmerischen

---

21   Friese (1998), S. 64.
22   Vgl. Rotering (1993), S. 8.

Führung und des unternehmerischen Risikos"[23]. Zudem besteht keine Option aus dieser Bindung auszutreten, was folglich ebenfalls ein Abgrenzungsmerkmal der Konzentration von der Kooperation darstellt. Die Selbstständigkeit und Unabhängigkeit der Unternehmen bleibt somit, anders als bei Kooperationen, nicht erhalten.[24]

Im weiteren Verlauf des Beitrags soll jedoch nicht weiter auf die Konzentration eingegangen werden.

2.2 Richtungen von Kooperationen

Grundsätzlich bietet sich eine Vielfalt an Möglichkeiten um eine Kooperation mit einem Unternehmen eingehen zu können.[25] Unterschieden werden kann dabei sowohl nach der Kooperationsrichtung sowie der Kooperationsform.[26] Die unterschiedlichen Richtungen werden in diesem Gliederungspunkt näher erläutert, bevor unter Punkt 2.1.3 die Ausführungen zu den diversen Formen von Kooperationen folgen.

In Hinblick auf die Kooperationsrichtung kann zwischen vertikalen, horizontalen, diagonalen bzw. lateralen oder auch konglomeraten Kooperationen differenziert werden.[27]

„Die Richtung der Kooperation gibt an, auf welcher Wertschöpfungsstufe und in welcher Wirtschaftsbranche die beiden Kooperationspartner agieren."[28]

Vertikale Kooperation

Im Rahmen der vertikalen Kooperation erfolgt der Zusammenschluss über verschiedene Wertschöpfungsketten hinaus, wodurch die Zusammenarbeit „in

---

23   Fontanari (1996), S. 38.
24   Vgl. Fontanari (1996), S. 36ff.
25   Vgl. Dillerup & Stoi (2013), S. 481 f.; Belzer (1993), S. 52.
26   Vgl. Dillerup & Stoi (2013), S. 482.
27   Vgl. Schäper (1997), S. 1; Teusler (2008), S. 17; Dillerup & Stoi (2013), S. 482.
28   Killich (2005), S. 18.

über- oder untergeordneten Wirtschaftsstufen derselben Branche statt[findet]"[29].[30]
Man spricht häufig davon, dass sich die zusammenarbeitenden Unternehmen in
einer Art „Hersteller-Zulieferer oder Hersteller-Abnehmer-Beziehung"[31] befinden. Ziel der vertikalen Kooperation ist es dabei, die Verbindungen der Wert-
schöpfungsstufen zu verbessern.[32] Als ein Beispiel aus der Industrie kann hier die
Zusammenarbeit in der Produktentwicklung von Automobilherstellern mit deren
Zulieferern angeführt werden.[33]

Horizontale Kooperation

Eine horizontale Kooperation besteht zwischen Unternehmen, die sich auf derselben wirtschaftlichen Wertschöpfungsstufe befinden. Diese Unternehmen agieren zumeist in der gleichen Branche.[34] Das Ziel dieser Kooperation besteht darin,
sich gegenüber dem relevanten Wettbewerb zu differenzieren und Kompetenzen
durch Zusammenarbeit auf- bzw. auszubauen sowie Vorteile hinsichtlich Kosten,
Zeit oder auch Wissen zu generieren.[35] Ein Beispiel hierfür wäre die Kooperation
zwischen den Getränkeherstellern Apollinaris und Schweppes, welche sich zur
Optimierung ihrer ungleich starken regionalen Vertriebsaktivitäten zusammen-
geschlossen haben.[36]

Diagonale/ laterale/ konglomerate Kooperation

Innerhalb dieser Kooperationsrichtung stehen die zusammenarbeitenden Unternehmen in keiner unmittelbaren Wertschöpfungsbeziehung. Die Unternehmen sind in dieser Kooperation somit nicht in der gleichen Branche tätig. Ziel
dieser Kooperation ist die gemeinsame Vermarktung sich ergänzender Produkte.[37]

---

29 Teusler (2008), S. 17.
30 Vgl. Dillerup & Stoi (2013), S. 482; Drews (2001), S. 49.
31 Rupprecht-Däullary (1994), S. 20.
32 Vgl. Hungenberg (2012), S. 534.
33 Vgl. Dillerup & Stoi (2013), S. 482.
34 Vgl. Schäper (1997), S. 1; Hungenberg (2012), S. 535; Teusler (2008), S. 17.
35 Vgl. Teusler (2008), S. 18; Dillerup & Stoi (2013), S. 482; Bronder (1992), S. 66 f.
36 Vgl. Bronder (1992), S. 67 f.
37 Vgl. Teusler (2008), S. 18; Dillerup & Stoi (2013), S. 482; Hungenberg (2012), S. 535.

Dillerup und Stoi führen hier das Beispiel von Tankstellen auf, in welcher neben Benzin ebenso Lebensmittel verkauft werden.[38]

2.3 Formen von Kooperationen

„Kooperationen können auch nach deren Institutionalisierung, d. h. ihrer juristischen und organisatorischen Gestaltung unterschieden werden."[39] Als Konsequenz treten im Rahmen von Kooperationen diverse Kooperationsformen auf. Aufgrund der vorhandenen Vielzahl möglicher Zusammenschlussformen werden im Rahmen des Beitrags allerdings lediglich ausgewählte Formen von Kooperationen vorgestellt und erläutert.

Interessensgemeinschaft

Die Interessensgemeinschaft verfolgt das Ziel, die Interessen der Mitglieder, sprich der jeweiligen kooperierenden Unternehmen, zu wahren und durchzusetzen. Dies geschieht beispielshalber in Form eines gemeinsamen Vertriebs.[40]

Lizenzvertrag und Franchising

Der Lizenzvertrag und dessen Sonderform des Franchisings stellen eine spezielle Art der Kooperation dar und zählen zu den am meisten favorisierten Formen zwischenbetrieblicher Zusammenarbeit. Im Rahmen dieser Kooperationsform wird durch eine Lizenzvergabe seitens des Lizenzgebers einem Lizenz- bzw. Franchisenehmer die Nutzung von Patenten, Marken, Verfahren oder auch Schutzrechten gegen entsprechend vereinbartes Entgelt gewährt. Mit Hilfe dieser Kooperation gelingt es dem Lizenzgeber, neue Märkte bei gleichzeitig geringerem Risiko schneller zu erschließen und sich Wettbewerbsvorteile gegenüber etwaigen Mitbewerbern aufzubauen. Lizenznehmer hingegen profitieren zumeist vom Knowhow der Lizenzgeber, beim Franchising zudem noch von zusätzlichen Managementleistungen durch den Franchisegeber.[41]

---

38 Vgl. Dilerup & Stoi (2013), S. 482.
39 Dillerup & Stoi (2013), S. 482.
40 Vgl. Killich (2005), S. 14.
41 Vgl. Dillerup & Stoi (2013), S. 482; Friese (1998), S. 152 ff.

Zu den bekanntesten Franchise-Unternehmen in Deutschland zählen McDonald's mit 1334 oder auch Subway mit insgesamt 755 Betrieben.[42]

Arbeitsgemeinschaft/Konsortium

Eine Arbeitsgemeinschaft oder auch Konsortium ist ein Unternehmenszusammenschluss auf befristete Zeit, in welchem die Unabhängigkeit der Kooperationspartner erhalten bleibt. Ziel dieser Kooperation ist die gemeinsame Erfüllung einer Aufgabe.[43]

Virtuelle Unternehmen/Organisationen

Innerhalb eines virtuellen Unternehmens treten die kooperierenden Unternehmen nach außen hin „am Markt als eigenständiges Unternehmen auf"[44]. Die einzelnen Unternehmen agieren folglich auf dem Markt nicht unter ihrer eigentlichen Firmierung. Funktionen wie das Marketing werden hier zumeist nicht institutionalisiert.[45]

Supply Chain Management

Im Rahmen des Supply Chain Managements findet eine Verbesserung eines Produktes durch einen abgestimmten Geschäftsprozess statt. Die Unternehmen einer Wertschöpfungskette, welche an diesem Prozesse beteiligt sind, werden dabei alle mit eingebunden.[46] „Das Ziel ist es dabei, langfristige und partnerschaftliche Win-Win-Beziehungen zwischen den Unternehmen aufzubauen und in das Wertschöpfungssystem des Unternehmens mit seinen unterschiedlichen Aktivitäten zu integrieren."[47]

---

42 Vgl. Kapalschinski (2011), o. S.
43 Vgl. Dillerup & Stoi (2013), S. 483; Killich (2005), S. 14.
44 Killich (2005), S. 15.
45 Vgl. Killich (2005), S. 15.
46 Vgl. Killich (2005), S. 16.
47 Killich (2005), S. 16.

Strategische Allianz

Die strategische Allianz kann grundsätzlich nicht einheitlich definiert werden, erfährt aber in der Praxis zunehmend spezielle Beachtung.[48] Kennzeichen einer strategischen Allianz ist die Zusammenarbeit von Unternehmen innerhalb einer Branche, welche auf derselben Wertschöpfungsebene agieren.[49] Dabei ist diese Zusammenarbeit auf langfristige Sicht und auf ein bestimmtes strategisches Geschäftsfeld hin ausgerichtet.[50] Aufgrund von Übereinstimmungen ihrer Definitionen werden die Begriffe Kooperation und strategische Allianz häufig synonym verwendet.[51]

Joint Venture

Das Joint Venture tritt in der Praxis sehr häufig auf und gilt als äußerst ausführlich untersuchte Kooperationsform. Unter einem Joint Venture versteht man dabei die Neugründung eines selbstständigen Gemeinschaftsunternehmens, in welches die beteiligten Unternehmen ihre Ressourcen einbringen und das unter einer gemeinschaftlichen Führung und Kontrolle durch die kooperierenden Unternehmen steht.[52]

Die unterschiedlichen Kooperationsformen lassen sich generell als Koordination zwischen dem Markt auf der einen und der Hierarchie auf der anderen Seite einordnen. Sydow definiert den Begriff des Marktes in Bezug auf Kooperationen wie folgt:

„Ein Markt ist [...] eine Organisationsform ökonomischer Aktivitäten, in der beliebige Marktteilnehmer, die sich grundsätzlich (begrenzt) rational und opportunistisch verhalten und die gleichberechtigt und in ihren Handlungen weitgehend voneinander unabhängig sind, eine genau spezifizierte Leistung austauschen."[53]

---

48 Vgl. Friese (1998), S. 162.
49 Vgl. Dillerup & Stoi (2013), S. 484; Killich (2005), S. 17.
50 Vgl. Killich (2005), S. 16 f.; Friese (1998), S. 162 f.
51 Vgl. Fontanari (1996), S. 87.
52 Vgl. Killich (2005), S. 17; Friese (1998), S. 159 f.
53 Sydow (1992), S. 98.

Dem gegenüber steht der Begriff der Hierarchie, welcher folgendermaßen definiert werden kann:

„Hierarchie basiert auf Weisungen der Unternehmensleitung gegenüber einer prinzipiell begrenzten Zahl von Organisationsmitgliedern. Diese Weisungen substituieren hier idealtypisch jegliche marktliche Koordination. Obwohl Hierarchien für Unternehmen typisch sind, können diese nicht auf sie reduziert werden."[54]

Die Kooperationsformen „nehmen [...] eine intermediäre Position zwischen einer rein marktlichen und einer rein hierarchischen Organisationsform ökonomischer Aktivitäten ein"[55]. Koordination ist dabei als „die wechselseitige Abstimmung einzelner Organisationseinheiten auf ein gemeinsames Ziel"[56] zu verstehen.

Innerhalb des Marktes sind die einzelnen Unternehmen selbstständig und voneinander unabhängig, wobei im Gegensatz dazu die Hierarchie durch Abhängigkeit und „eine fehlende vollständige Selbstständigkeit"[57] geprägt ist. Dabei steht die Kooperation „als Mischform bzw. kombinierte Struktur, die auch als Hybridmodell bezeichnet wird"[58] zwischen den beiden Parametern des Marktes und der Hierarchie und umfasst somit Bestandteile des Marktes wie auch der Hierarchie.[59]

Die Beziehung der Kooperationsformen zwischen Markt und Hierarchie wird mit Hilfe von Abbildung 1 veranschaulicht.

---

54 Sydow (1992), S. 98.
55 Sydow (1992), S. 98.
56 Dillerup & Stoi (2013), S. 479
57 Teusler (2008), S. 9.
58 Dillerup & Stoi (2013), S. 479.
59 Vgl. Killich (2005), S. 13; Teusler (2008), S. 9.

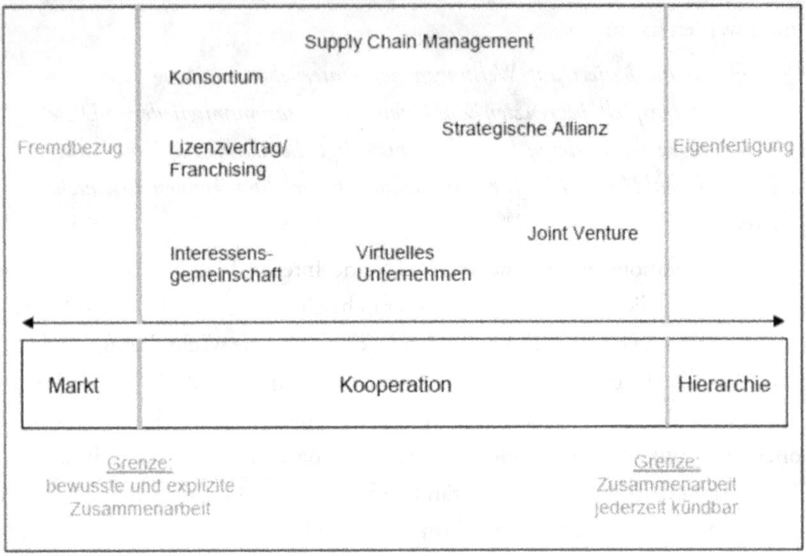

	Konsortium	Supply Chain Management		
Fremdbezug	Lizenzvertrag/ Franchising	Strategische Allianz		Eigenfertigung
	Interessens- gemeinschaft	Virtuelles Unternehmen	Joint Venture	

Markt	Kooperation	Hierarchie

Grenze: bewusste und explizite Zusammenarbeit

Grenze: Zusammenarbeit jederzeit kündbar

Abbildung 1: Kooperationsformen zwischen Markt und Hierarchie
Quelle: Vgl. Killich (2005), S. 13.

2.4 Motive für Kooperationen

Motive für eine zwischenbetriebliche Zusammenarbeit sind grundsätzlich vielfältig wobei als einheitliches Motiv aller Kooperationen jedoch eine verbesserte Wettbewerbspositionierung sowie die Sicherung des künftigen Unternehmenserfolges gesehen werden kann.[60]

Dennoch gibt es bis dato „keine verfügbare empirische Studie, die sich im Detail mit der Motivforschung von Kooperationen befaßt hat"[61]. Demzufolge finden sich in der einschlägigen Literatur diverse Erklärungsversuche für Kooperationen und deren Motive.

So unterscheidet Teusler zwischen vier übergeordneten Motiven und nennt dabei „volkswirtschaftliche, gesellschaftliche, betriebswirtschaftliche und

---

60 Vgl. Rotering (1993), S. 32; Fontanari (1996), S. 137.
61 Fontanari (1996), S. 138.

unternehmenspolitische Motive"[62], ordnet selbigen jedoch weitere Untermotive zu.[63] Fontanari hingegen nennt in diesem Bezug insgesamt acht zu unterscheidende Motive. Er beschreibt „Kostenvorteile, Erschließen neuer Märkte, Zeitvorteile, Risikostreuung, Schutz gegen Übernahmen, Technologiezugang, Rückzugsstrategie, Entwicklung von Standards und Systemführerschaften"[64] als Beweggründe für eine zwischenbetriebliche Zusammenarbeit.[65]

Bei einem Abgleich der von Fontanari genannten Kooperationsmotive mit den in Teuslers Ausführungen beschriebenen Untermotiven, lassen sich diverse Übereinstimmungen feststellen. Auch bei Teusler finden sich u. a. Motive wie die Erschließung neuer Märkte oder die Risikostreuung.[66] Somit können die von Fontanari genannten Motive in einem nächsten Schritt den vier übergeordneten Motiven von Teusler zugeordnet werden und weiterhin um einige der Untermotive von Teusler ergänzt werden.[67] Daraus resultiert ein Überblick aus den Motiven für eine zwischenbetriebliche Zusammenarbeit.

Diese Kombination veranschaulicht Abbildung 2. Zu erwähnen ist hier jedoch, dass nicht alle der acht Motive von Fontanari den übergeordneten Motiven von Teusler eindeutig zugeordnet werden können und dass hier eine individuelle Zuordnung durch den Autor vorgenommen wurde. Ausgehend von Abbildung 2 lassen sich somit Rückschlüsse über die unterschiedlichen Motivationsgründe für Kooperationen ziehen. Dabei stellen die schwarz dargestellten Motive die acht Motive von Fontanari, die farbig gekennzeichneten Motive Untermotive aus den Ausführungen von Teusler dar.

---

62   Teusler (2008), S. 21.
63   Vgl. Teusler (2008), S. 21 f.
64   Fontanari (1996), S. 139.
65   Vgl. Fontanari (1996), S. 138 f.
66   Vgl. Teusler (2008), S. 21.
67   Die ergänzten Motive von Teusler sind in Abbildung 3 blau eingefärbt. Für einen Überblick über die möglichen, zu ergänzenden Motive vgl. Teusler (2008), S. 21 f.

Unternehmens-politische Motive	Betriebs-wirtschaftliche Motive	Volkswirtschaftliche und gesellschaftliche Motive
• Markterschließung • Risikostreuung • Übernahmeschutz • Technologiezugang • Rückzugstrategie • Standardisierung	• Kostenvorteile • Zeitvorteile • Leistungssteigerung • Economies of Scope • Economies of Scale	• Steigerung der wirtschaftlichen Wohlfahrt • Erhöhung Kundennutzen

Abbildung 2: Motive für Kooperationen
Quelle: Eigene Darstellung.

Unternehmenspolitische Motive

Die am häufigsten aufgeführten Motive für die zwischenbetriebliche Zusammenarbeit sind unternehmenspolitische Motive.[68] Sie liegen folglich zumeist einer Kooperation zu Grunde und ermöglichen neben der Verminderung bzw. Verteilung des Risikos unter den Kooperationspartnern, ebenso eine Absicherung gegen Übernahmen sowie das Potential, neue Märkte erschließen zu können.

Zugang zu neuen Technologien und somit die Möglichkeit, existierende technologische Rückstände aufzuholen sowie die ggf. schnellere Weiterentwicklung bestehender Technologien durch Zusammenarbeit, können in diesem Zusammenhang ebenfalls Motive für eine Kooperation sein. Daneben können potentielle unternehmerische Risiken durch gemeinsam standardisierte Verfahren verringert werden.[69] Darüber hinaus ermöglicht eine Kooperation Unternehmen einen geregelten Rückzug aus einem Markt, wenn die bisherige Position nicht verteidigt werden kann.[70]

---

68 Vgl. Teusler (2008), S. 21.
69 Vgl. Teusler (2008), S. 22; Fontanari (1996), S.139 ff.
70 Vgl. Fontanari (1996), S. 150.

Betriebswirtschaftliche Motive

Motive betriebswirtschaftlicher Art werden bei Teusler am zweithäufigsten genannt.[71] Ihnen liegt als Motivationsbasis das Streben nach Kostenbzw. Zeitvorteilen zu Grunde, wodurch einhergehend eine Erhöhung der Leistung erreicht werden und auf Veränderungen schneller reagiert werden kann.[72] Ebenso können Kooperationen mit Economies-of-Scale und Economies-of-Scope Effekten[73] erklärt werden, wodurch auf der einen Seite die Vorteile der Fixkostendegression und auf der anderen Seite die der Synergieeffekte für die kooperierenden Unternehmen nutzbar sind.[74]

Volkswirtschaftliche/ gesellschaftliche Motive

Kooperationen aufgrund von gesellschaftlichen oder volkswirtschaftlichen Motiven treten nicht allzu häufig als Beweggründe für eine zwischenbetriebliche Zusammenarbeit auf. Dennoch können sie durch die Möglichkeit den Kundennutzen zu erhöhen oder durch „Steigerung der wirtschaftlichen Wohlfahrt"[75] als Motiv für eine Kooperation angesehen werden.[76]

Im Rahmen der Literatur finden sich weiterhin verschiedene Erklärungsansätze, mit welchen die Motive für die Entstehung einer zwischenbetrieblichen Zusammenarbeit erklärt werden können. Zu diesen zählt u. a. der Transaktionskostenansatz.[77]

Transaktionskostenansatz

Unter einer Transaktion versteht man „die Übertragung von Verfügungsrechten (property rights) zwischen den Wirtschaftssubjekten"[78] und bezeichnet die dabei entstehenden Kosten als Transaktionskosten. Dabei gilt generell das

---

71 Vgl. Teusler (2008), S. 22.
72 Vgl. Teusler (2008), S. 23; Fontanari (1996), S. 139 ff.
73 Zu den Begriffen Economies-of-Scale und Economies-of-Scope vgl. Hungenberg (2012), S. 211 ff.
74 Vgl. Schäper (1997), S. 2; Hungenberg (2012), S. 211 ff.
75 Teusler (2008), S. 22.
76 Vgl. Teusler (2008), S. 21 f.
77 Vgl. Fontanari (1996), S. 96; Dillerup & Stoi (2013), S. 480f.
78 Fontanari (1996), S. 97.

Bestreben, diese Kosten so gering wie möglich zu halten.[79] Eine Kooperation einzugehen erscheint in Folge dessen dann als sinnvoll, wenn „die Transaktionskosten geringer als die Kosten der Eigenerstellung"[80] sind.[81]

Weitere Ansätze zur Erklärung von Kooperationen sind der ressourcenorientierte Ansatz sowie der marktorientierte Ansatz.[82] Dennoch sollen diese Erklärungsansätze im Rahmen des Beitrags nicht genauer analysiert werden, da dies den vorgegebenen Rahmen übersteigen würde.

2.5 Entwicklungs- und Ablaufphasen von Kooperationen

Für die Entwicklung und den Ablauf von Kooperationen finden sich in der Literatur diverse Darstellungsmöglichkeiten. So kann grundsätzlich zwischen Phasen und Prozessen unterschieden werden.[83] In diesem Beitrag wird sich dabei speziell auf die Entwicklungs- und Ablaufphasen von Kooperationen beschränkt.

In der Literatur findet sich bis dato keine einheitliche Beschreibung der Entwicklungs- und Ablaufphasen von Kooperationen. So unterteilt Fontanari deren Entwicklung in vier Phasen.[84] Howaldt und Ellerkmann jedoch beschreiben insgesamt sieben Entwicklungsphasen.[85] Im Rahmen des Beitrags jedoch orientiert sich der Autor an Teusler, in deren Ausführungen Kooperationen in insgesamt drei große Entwicklungs- und Ablaufphasen untergliedert werden und was für das Ziel des Beitrags als ausreichend erscheint. Diese sind:

1.   Initiierungs- und Formierungsphase
2.   Managementphase
3.   Kontrolle und Beendigungsphase[86]

---

79 Vgl. Fontanari (1996), S. 97 ff.; Dillerup & Stoi (2013), S. 26.
80 Dillerup & Stoi (2013), S. 480.
81 Vgl. Dillerup & Stoi (2013), S. 480.
82 Zu einer ausführlichen Erklärung des ressourcenorientierten und des marktorientierten Ansatzes vgl. Dillerup & Stoi (2013), S. 480 f.; Hungenberg (2012), S. 538 ff.
83 Vgl. Teusler (2008), S. 23.
84 Vgl. Fontanari (1996), S. 190 ff.
85 Vgl. Howaldt & Ellerkmann (2011), S. 23.
86 Vgl. Teusler (2008), S. 23 ff.

Dennoch dürfen die unterschiedlichen Phasen nicht gänzlich isoliert voneinander betrachtet werden, da sich durchaus übereinstimmende Punkte ergeben.

Phase I: Initiierungs- und Formierungsphase

Diese erste Phase beschäftigt sich damit, das eigene Unternehmen sowie die Konkurrenz zu analysieren, Stärken und Schwächen zu identifizieren und „mit der Feststellung von Änderungen, die eine Kooperation notwendig machen"[87]. Ergebnis dieser Analyse kann mitunter eine defizitäre Situation des Unternehmens sein, sprich eine Differenz zwischen dem tatsächlichen und dem angestrebten Zustand.[88] Mit Hilfe dieser Analyse lässt sich somit generell feststellen, ob und in welchem Umfang ein Kooperationsbedarf besteht.

Erweist sich eine zwischenbetriebliche Zusammenarbeit als Resultat dieser Analyse als die beste Möglichkeit, die festgestellten Defizite auszugleichen, folgen darauf die vorbereitenden Maßnahmen für die Kooperation. Hierfür werden, ausgehend von zuvor definierten Schwächen und Stärken sowie Risiken und Chancen, die Kompetenzen der eigenen Unternehmung herausgearbeitet, die eine Zusammenarbeit für einen potentiellen Kooperationspartner interessant machen.[89] Eine detaillierte Definition der zu erreichenden Ziele ist in diesem Zusammenhang unerlässlich.[90]

Anschließend beginnt die Partnersuche, wobei sich dabei speziell auf die synergetischen Stärken und Schwächen der beiden denkbaren Kooperationspartner konzentriert werden sollte.[91] Wichtig ist, dass die beiden möglichen Partner zu einer Realisierung ähnlicher Ziele tendieren, die Stärken die jeweiligen Schwächen ausgleichen können sowie die generelle Bereitschaft zusammenzuarbeiten vorhanden ist.[92] Ergebnis dieses Prozesses ist die konkrete Auswahl eines Kooperationspartners.[93] Die Wichtigkeit des Prozesses der Partnersuche bringen Howaldt und Ellerkmann adäquat auf den Punkt: „Die Partnersuche ist dabei der

---

87 Teusler (2008), S. 23.
88 Vgl. Teusler (2008), S. 23; Fontanari (1996), S. 191.
89 Vgl. Teusler (2008), S. 24.
90 Vgl. Fontanari (1996), S. 192.
91 Vgl. Teusler (2008), S. 24 f.; Fontanari (1996), S. 194.
92 Vgl. Howaldt & Ellerkmann (2011), S. 25.
93 Vgl. Teusler (2008), S. 25.

entscheidende Meilenstein für den Erfolg von Kooperationen und sollte dementsprechend sorgfältig betrieben werden."[94] Der richtige Partner ist folglich mitentscheidendes Kriterium über Erfolg oder Misserfolg der Kooperation.

Letzter Schritt im Rahmen der ersten Phase ist die Formierung der Kooperation. Howaldt und Ellerkmann sprechen von der „Konstituierung des Netzwerkes"[95]. Hier werden die grundlegenden Rahmenbedingungen und Voraussetzungen für die Zusammenarbeit sowie die jeweiligen Zuständigkeitsbereiche festgelegt. Innerhalb dieser Phase werden wichtige Entscheidungen für die zwischenbetriebliche Zusammenarbeit getroffen.[96] In Anlehnung an Teusler sind hier die folgenden Punkte zu klären: „partnerschaftliche Einstellungen, Vertragsverhandlungen, die Art der Ressourcenzuordnung, Inputleistungen, Preise und Konditionen, Interaktionsgrad, Institutionalisierungsgrad, Bindungsinstrumente, Machtverteilung, Konflikt- und Krisenfälle, Ausschließlichkeitsvereinbarungen und der Zeithorizont."[97] Weiterhin geht es in dieser Phase um die Zuteilung und die Koordination der Aktivitäten innerhalb der Kooperation.[98]

Phase II: Managementphase

Die darauffolgende Phase ist die Managementphase. Im Rahmen dieser geht es um die eigentliche Erfüllung und Leistungserstellung der in der Phase zuvor vereinbarten Inhalte der Kooperation. Wichtige Bedeutung kommt dabei der Koordination der einzelnen Tätigkeiten zu. Vorab getroffene Schätzungen müssen überprüft und ggf. optimiert und das Handeln dementsprechend angepasst werden, um das festgelegte Ziel der zwischenbetrieblichen Zusammenarbeit erreichen zu können. Ebenfalls finden in dieser Phase das Controlling und die Koordination der Tätigkeiten statt. Durch zuvor festgelegte Meilensteine können hier mögliche Probleme vermieden werden. Ggf. sind hier Optimierungsmaßnahmen vorzunehmen. Wichtig ist zudem „ein gemeinsames Kommunikations- und

---

94   Howaldt & Ellerkmann (2011), S. 25.
95   Howaldt & Ellerkmann (2011), S. 26.
96   Vgl. Howaldt & Ellerkmann (2011), S. 26 f.; Teusler (2008), S. 25.
97   Teusler (2008), S. 25.
98   Vgl. Teusler (2008), S. 25 f.

Informationssystem aufzubauen "[99] und sollte in dieser Phase ebenfalls vorgenommen werden.[100]

Phase III: Kontrolle und Beendigungsphase
Die dritte und somit letzte Phase stellt die Kontrolle und die Beendigungsphase dar. In Bezug auf die Kontrolle unterscheidet Teusler dabei zwischen der Akutkontrolle und der Aktualitätskontrolle. Während die Akutkontrolle konkret stattfindende Prozesse kontrolliert und sich auf die Überprüfung von im Vorfeld getroffenen Entscheidungen konzentriert, ermöglicht die Aktualitätskontrolle durch regelmäßige Kontrolle einzelner Phasen eine Adaption und Optimierung an die jeweilige konkrete Situation.[101] Anhand dieses Kontrollprozesses zeigt sich, dass Kooperationen einem ständigen Wandel und Veränderungen und keinem im Vorfeld festgelegten starren Rahmen unterliegen, wobei Howaldt und Ellerkmann diesen Prozess, indem sie von Metamorphosen einer Kooperation sprechen, umschreiben.[102]

Weiterhin gilt nach deren Ausführungen: „Die letzte Metamorphose einer jeden Kooperation ist deren Beendigung."[103] Dabei sind die Gründe für eine Beendigung der Zusammenarbeit vielfältig. Zum einen können sich den Unternehmen im Laufe der Kooperation andere, nutzenversprechendere Handlungsalternativen bieten. Häufig jedoch ist ein unlösbarer Konflikt zwischen den Parteien der Kooperation der Grund für das Beenden der Zusammenarbeit.[104] Wichtig hierbei ist nach Beendigung der Zusammenarbeit, sich über die Erfahrung der Kooperation auszutauschen, die zwischenbetriebliche Zusammenarbeit zu bewerten und noch zu erfüllende Restaufgaben abzuarbeiten.[105]

99   Teusler (2008), S. 27.
100 Vgl. Teusler (2008), S. 26 f.
101 Vgl. Teusler (2008), S. 27 f.
102 Vgl. Howaldt & Ellerkmann (2011), S. 31.
103 Howaldt & Ellerkmann (2011), S. 33.
104 Vgl. Schuh, Friedli & Kurr (2005), S.151; Teusler (2008), S. 28.
105 Vgl. Howaldt & Ellerkmann (2011), S. 33.

2.6 Konflikte im Rahmen von Kooperationen

Durch Zusammenarbeit unterschiedlicher Firmen entstehen Konflikte, die als Konkretisierung der existierenden Problemen verstanden werden können. Diese Konflikte sind bei Kooperationen jedoch unvermeidbar, wirken sich negativ auf die Kooperation und die Zufriedenheit der Kooperationspartner aus und sind häufig wie unter 2.1.5 erläutert, Hauptgrund für das Scheitern bzw. die Beendigung einer Kooperation.[106]

Dabei können die Ursachen für Konflikte unterschiedlich differenziert werden. Häufig treten diese im Rahmen der Zielformulierung oder durch die Inkompatibilität der Informationssysteme sowie aufgrund von unterschiedlichen Werten und Normen unter den Kooperationspartnern auf. Weiterhin entwickeln sich Interessenskonflikte im Rahmen von Kooperationen, da trotz der gemeinsamen Zusammenarbeit ein jedes Unternehmen die eigenen individuellen Interessen erfüllen möchte.[107] Daneben bedingen nur mäßig vorhandenes Durchhaltevermögen, etwaige Kontroll- und Entscheidungsverluste sowie Kommunikationsschwierigkeiten oder nicht vorhandene Harmonie die Entstehung von Konflikten.[108] Weiterhin wesentliche Konfliktursache ist mangelndes Vertrauen, welches mit als häufigste Ursache für das Scheitern von Kooperationen gesehen werden kann.[109] Dabei können diese Konflikte, welche sich zumeist erst im Laufe der Zusammenarbeit ergeben, im Vorfeld nur sporadisch vermieden werden.[110]

Dennoch lässt sich der Erfolg einer Kooperation nicht zwangsläufig daran festmachen, ob und in welcher Form Konflikte aufgetreten sind oder auch nicht.[111] Um den Erfolg zu ermitteln bedarf es demzufolge einer ausführlichen Erfolgsanalyse, welche sich in Gliederungspunkt 2.2 anschließt.

---

106   Vgl. Balling (1998), S.131 f.; Schuh, Friedli & Kurr (2005), S. 151.
107   Vgl. Balling (1998), S. 132 f.
108   Vgl. Balling (1998), S. 143 ff.
109   Vgl. Branz (2009), S. 34; Balling (1998), S. 144.
110   Vgl. Balling (1998), S. 133.
111   Vgl. Balling (1998), S. 134.

3   Erfolgsanalyse von Kooperationen

3.1   Herausforderungen einer Erfolgsanalyse von Kooperationen

Zu Beginn dieses Kapitels wird der allgemeine Erfolgsbegriff definiert, welcher diesem Beitrag zu Grunde gelegt wird. Dabei wird Erfolg klassisch als das Erreichen von zuvor gesetzten Zielen verstanden und deren Erreichungsgrad demzufolge als Orientierungsrahmen für Erfolg oder Misserfolg gesehen.[112] Die Zielerreichung ist somit die Grundlage der Erfolgsmessung.

Im Rahmen der Erfolgsanalyse von Kooperationen stellt die Analyse und Bewertung des Erfolges jedoch insofern ein Problem dar, dass bis dato kein einheitliches Verständnis hinsichtlich des Kooperationserfolges existiert und somit „eine valide Erfolgsmessung bzw. geeignete Maßgrößen zu finden"[113] als schwierig gilt.[114]

Die unterschiedlichen Zielsetzungen und Erfolgsauffassungen seitens der Kooperationspartner schränken die pauschalisierte Bestimmung des Erfolges einer Kooperation ein.[115] Die Frage, was als Erfolg gewertet wird, ist somit nicht allgemein und nur erschwert zu beantworten, denn „Erfolg kann in völlig verschiedener Dimensionen und Meßgrößen beurteilt werden"[116].

Problematisch ist in Bezug auf die Erfolgsanalyse weiterhin, dass im Rahmen von Kooperationen neben den quantitativen ökonomischen Größen zumeist auch qualitative Größen eine entscheidende Rolle spielen. Für eine umfassende Erfolgsanalyse müssen diese somit ebenfalls integriert und untersucht werden. Seitens der Unternehmen werden neben der Erreichung des ökonomischen Erfolges ebenso Ziele wie der Aufbau von Know-how und die Verbesserung des Images oder der Bekanntheit durch die Zusammenarbeit angestrebt. Die Messung des

---

112   Vgl. Fontanari (1996), S. 157.
113   Friese (1998), S. 106.
114   Vgl. Branz (2009), S. 65; Friese (1998), S. 106.
115   Vgl. Friese (1998), S. 107; Branz (2009), S. 66.
116   Balling (1998), S. 164.

Zielerreichungsgrades dieser qualitativen Aspekte ist über klassische quantitative Methoden jedoch nur bedingt möglich.[117]

„Die alleinige Verwendung ökonomischer Größen ist bei der Beurteilung des Kooperationserfolges als kritisch zu sehen"[118], betitelt Friese in ihren Ausführungen diese Tatsache und unterstreicht damit die Notwendigkeit ebenfalls qualitative Aspekte in die Analyse einzubeziehen. Auch von Schertler wird erläutert, dass „eine einseitige quantitative Bewertung unter Zuhilfenahme bekannter betriebswirtschaftlicher Kennzahlen nicht zielführend sein kann"[119]. Daraus resultiert der Bedarf, im Folgenden relevante Parameter festzulegen, mit denen sowohl der quantitative als auch der qualitative Erfolg einer Kooperation bestimmt und analysiert werden kann.

3.2 Erfolgsparameter von Kooperationen

Intention dieses Kapitels ist es der Frage nachzugehen, welche Parameter für den Erfolg einer Kooperation entscheidend sind. Dabei stellen Erfolgsparameter solche Kriterien dar, welche zum Erfolg einer Kooperation führen können und die Zielerreichung der zwischenbetrieblichen Zusammenarbeit ermöglichen.[120] Die Kenntnis dieser Faktoren im Vorfeld der Kooperationsdurchführung erhöht dabei die Chancen auf eine erfolgreiche Zusammenarbeit.[121]

Bis dato existiert in der Literatur eine Vielzahl von allgemein relevanten Faktoren, wobei sich trotz dieser Mannigfaltigkeit der Erfolg anhand einiger weniger Parameter messen lassen kann.[122] Einzelne dieser werden im Folgenden dargestellt.

Ökonomischer Erfolg

Die Ermittlung des ökonomischen Erfolges kann generell als bewährte quantitative Methode zur Erfolgsbestimmung einer Kooperation herangezogen werden.

---

117   Vgl. Branz (2009), S. 66; Friese (1998), S. 106; Büchel et al. (1997), S. 189 f.
118   Friese (1998), S. 106.
119   Schertler (1995), S. 155.
120   Vgl. Fontanari (1996), S. 154.
121   Vgl. Schmoll (2001), S. 27.
122   Vgl. Friese (1998), S. 227.

Selbiger resultiert aus geringeren Kosten und höheren Gewinnen, wobei im Rahmen der zwischenbetrieblichen Zusammenarbeit die Einsparungen an Kosten, die durch die Kooperation realisiert werden können, den Kosten, die durch die Etablierung der Kooperation entstehen, gegenüberstehen.[123] Jedoch sollte sich im Rahmen der Erfolgsbeurteilung nicht hauptsächlich am ökonomischen Erfolg orientiert werden. Besonders Kooperationen, die auf ein längeres Bestehen hin konzipiert sind, können im Rahmen der Implementierung der Kooperation anfangs stark erhöhte Kosten bei gleichzeitig geringen Erträgen aufweisen, die sich erst im Laufe der weiteren Entwicklung der Kooperation egalisieren lassen.[124] Daraus resultiert die Notwendigkeit, auch qualitative Erfolgsparameter mit in die Analyse einzubeziehen.

Kooperationsvertrag

Einen wesentlichen qualitativen Faktor für eine erfolgreiche zwischenbetriebliche Zusammenarbeit stellt der Kooperationsvertrag dar, in welchem neben einer klaren Aufgabenverteilung, der Festlegung von Zuständigkeitsbereichen innerhalb der Kooperation mitunter auch das geregelte Vorgehen im Konfliktfall sowie Ziele manifestiert sein sollten.[125] Diese Kompetenzzuweisungen gilt es im Vorfeld möglichst schriftlich zu regeln und zu fixieren. Mit Hilfe dieser Regelungen gelingt es, das Konfliktpotential zu antizipieren, die Zusammenarbeit reibungsloser zu gestalten, sowie eine ungleiche Machtverteilung unter den Kooperationspartnern zu verhindern.[126] Kritsch jedoch ist zu sehen, dass durch solch standardisierte Handlungsvorgaben und Verträge die flexible Reaktion auf sich neu ergebende Bedingungen eingeschränkt wird.[127]

Als Konsequenz muss ein Kompromiss hinsichtlich der Standardisierung gefunden und realisiert werden. Denn die Erhaltung der Flexibilität etwa ermöglicht es den Unternehmen, sich an die sich ändernden Rahmenbedingungen auf dem Markt besser anpassen zu können.[128] Der Kooperationsvertrag stellt somit

---

123 Vgl. Balling (1998), S. 165 f.
124 Vgl. Friese (1998), S. 106.
125 Vgl. Helmcke (2008), S. 74; Balling (1998), S. 110.
126 Vgl. Balling (1998), S. 110; Schuh, Friedli & Kurr (2005), S. 150 f.
127 Vgl. Balling (1998), S. 110.
128 Vgl. Balling (1998), S. 113 ff.

eine notwendige, jedoch keine hinreichende Bedingung für den Erfolg einer Kooperation dar.

Zielformulierung

Ebenfalls einen fundamentalen Erfolgsparameter stellt die klare Formulierung der zu realisierenden Zielen dar, sprich das durch die Kooperation zu erreichende Soll.[129] Hierfür müssen zu Beginn der Zusammenarbeit die individuellen Ziele eines jeden Kooperationspartners festgelegt und anschließend explizit zu einem gemeinsamen Ziel der Kooperation zusammengefasst werden.[130] Dabei sollten die angestrebten Ziele der Kooperationspartner nahezu identisch sein, um eine erfolgsversprechende Zusammenarbeit zu ermöglichen.[131] Anhand vorab definierter Ziele und deren Zielerreichungsgrad kann der Erfolg der zwischenbetrieblichen Zusammenarbeit beurteilt und überprüft, sowie ferner ggf. notwendige Maßnahmen zur Korrektur ergriffen werden.[132]

Human Ressource

„Treat the collaboration as a personal commitment. It's people that make partnerships work"[133], beschreibt Ohmae die Bedeutung des menschlichen Faktors in seinen Ausführungen. Für den Erfolg erscheint es somit weiterhin entscheidend, eine sorgfältige und gezielte Auswahl der beteiligten Mitarbeiter zu treffen, wobei einerseits die notwendige fachliche Kompetenz und andererseits die zwischenmenschliche Ebene zwei entscheidende Faktoren darstellen. Innerhalb dieser zwischenmenschlichen Beziehungen geht es dabei speziell um Homogenität in Bezug auf Denkweisen, Sprachen und die Interessenbereiche, die eine Kooperation in positiver Weise beeinflussen und möglichen Konflikten vorbeugen.[134] Folgende Kriterien sind weiterhin in Anlehnung an Endress zu beachten: „Kontaktfreudigkeit, Durchsetzungsfähigkeit bei gleichzeitigem Verhandlungsgeschick und

---

129   Vgl. Fontanari (1996), S. 157.
130   Vgl. Balling (1998), S. 105; Fontanari (1996), S. 158.
131   Vgl. Fontanari (1996), S. 158.
132   Vgl. Balling (1998), S. 111.
133   Ohmae (1989), S. 149, in: Balling (1998), S. 116.
134   Vgl. Balling (1998), S. 118 f.

notwendiger Distanzierungsbereitschaft"[135]. Durch eine Übereinstimmung in Bezug auf die dargestellten Fähigkeiten können somit potentielle Probleme auf ein Minimum reduziert und Synergieeffekte durch eine positive soziale Ebene generiert werden. Wichtig ist dabei weiterhin, dass mehrfache Wechsel des beteiligten Personals vermieden werden, da in Folge der Integration neuer Mitarbeiter die Arbeit im Team und das Gemeinschaftsgefühl verlangsamt wird.[136] Endress beschreibt diese Tatsache wie folgt: „So belebend ein Personalwechsel sein kann, – neue Impulse – so erschwerend kann er wirken, wenn er in rascher Folge und von zu vielen Seiten durchgeführt wird. Das Wirbewußtsein der Gruppe kann sich kaum in derselben Geschwindigkeit entwickeln."[137]

Eine besondere Rolle nehmen in diesem Zusammenhang Führungskräfte ein. Höhere Anforderungen in Bezug auf die Koordination, die Verantwortungsbelastung sowie das diplomatische Handling müssen ihrerseits erfüllt werden, „häufigere, funktionsbereichsübergreifende und in strategischer Perspektive durchzuführende Leistungstiefenanalyse[n]"[138] gilt es zu bewältigen.[139] Insgesamt resultiert daraus, dass der Erfolg einer Kooperation zu einem großen Teil von den beteiligten Mitarbeitern entscheidend beeinflusst wird. Persönliche Fähigkeiten, die Kooperationsbereitschaft sowie fachliches Wissen sind grundlegend limitierende Faktoren für den Kooperationserfolg.[140]

Vertrauen

Zentrale Basis einer jeden Kooperation stellt das Vertrauen dar. Dabei umfasst der Begriff des Vertrauens in diesem Zusammenhang sowohl Vertrauen in die Kooperation selbst, in den Partner als auch in das eigene Unternehmen.[141]

Schuh, Friedli und Kurr beschreiben die Bedeutung von Vertrauen wie folgt: „Das immer wieder betonte Erfolgskriterium Nummer eins im

---

135 Endress (1991), S. 111.
136 Vgl. Balling (1998), S. 118 f.
137 Endress (1991), S. 36.
138 Sydow (1992), S. 307.
139 Vgl. Balling (1998), S. 117.
140 Vgl. Balling (1998), S. 119.
141 Vgl. Dammer (2011), S. 38.

Kooperationsmanagement ist Vertrauen."[142] Dem Vertrauen kommt in Bezug auf die Kooperation somit eine essentielle Bedeutung zu. Zum einen ist Vertrauen immer dann von Bedeutung „wenn eine für den Einzelnen nicht völlig beherrschbare, berechenbare, steuerbare oder verständliche Situation in einer Kooperation eintritt"[143]. Da diese Gegebenheiten im Verlauf einer Kooperation jedoch sehr häufig sind, kommt dem Vertrauen seine

angeführte Wichtigkeit zu.[144] Zum anderen ermöglicht Vertrauen eine Kosteneinsparung für ansonsten nötige Kontrollinstrumente.[145] Jedoch besteht Vertrauen nicht automatisch zu Beginn einer Zusammenarbeit, sondern kann sich erst im Verlauf der Kooperation entwickeln. Verständnis für den jeweiligen Partner und gegenseitiger Respekt ist dabei die determinierende Variable für den Aufbau von Vertrauen.[146]

Kommunikation

Ein weiterhin zu erläuternder Erfolgsfaktor ist die Kommunikation. Grundsätzlich gilt, dass ein optimales Kommunikationsvolumen gefunden werden muss, um zu geringe oder zu häufige Kommunikation und die damit einhergehenden negativen Effekte zu vermeiden, denn „bei zu geringer Häufigkeit tritt ein „Fremdheitseffekt" zwischen den beteiligten Personen auf [...] bei sehr häufigem direkten Kontakt tritt hingegen zunehmend „Sitzmüdigkeit" [...] auf"[147]. Dabei spielt Kommunikation in dem Maße eine wichtige Rolle, dass sie zur Konfliktvermeidung und somit zu einem reibungslosen Ablauf der Kooperation beiträgt sowie dabei hilft, etwaige Missverständnis zu lösen und somit das bereits erwähnte Erfolgskriterium Vertrauen weiter aus- und aufzubauen.[148]

Jedoch nicht nur der internen Kommunikation unter den direkt beteiligten Personengruppen der Kooperation, sondern ferner der Kommunikation und Information an externe, nur indirekt betroffene Positionen, muss Beachtung geschenkt

---

142 Schuh, Friedli & Kurr (2005), S. 151.
143 Dammer (2011), S. 38.
144 Vgl. Dammer (2011), S. 38.
145 Vgl. Balling (1998), S.122.
146 Vgl. Schuh, Friedli & Kurr (2005), S. 151; Balling (1998), S. 121.
147 Balling (1998), S. 123.
148 Vgl. Balling (1998), S. 122 f.

werden. Durch offene Kommunikation an diese indirekt Beteiligten kann „Unruhe und Abwehrhaltung gegenüber der Kooperation"[149] vermieden werden. Ziele und Intentionen der zwischenbetrieblichen Zusammenarbeit gilt es somit nach außen zu kommunizieren, um eine Fehleinschätzung der Kooperation, die als Bedrohung der eigenen Zuständigkeitsbereiche seitens externer Personen aufgefasst werden könnte, zu vermeiden.[150]

Veränderung wettbewerbsstrategischer Eigenschaften

Ein weiteres entscheidendes Motiv für eine Kooperation ist das Streben nach Wettbewerbsvorteilen. Das Erreichen einer veränderten bzw. verbesserten Wettbewerbsposition ist somit eine entscheidende Erfolgsgröße für Kooperationen. Eine erfolgreiche Kooperation ist folglich dann gegeben, wenn durch die zwischenbetriebliche Zusammenarbeit die Stellung im Wettbewerb verbessert werden konnte. Wichtig ist hierbei die Veränderung der Position des eigenen Unternehmens sowie die der Kooperationspartner und anderer Marktteilnehmer im Wettbewerb zu betrachten.[151]

Kooperationsdauer

Die Kooperationsdauer resultiert aus der Zielerreichung anderer wichtiger Erfolgsgrößen und ist „nicht als unmittelbare Erfolgsgröße, sondern als mittelbares Ergebnis einer Realisierung der 'eigentlichen' Erfolgsgrößen (niedrige Kosten, höhere Verkaufserlöse, verbesserte Wettbewerbsposition etc.) zu verstehen"[152]. Die lange Dauer einer Kooperation lässt somit nicht automatisch auf eine erfolgreiche Zusammenarbeit schließen, denn auch nur auf kurze Dauer ausgelegte Kooperationen können erfolgreich und die zu erreichenden Ziele erfüllt worden sein. In Folge dessen gilt es, in diesem Zusammenhang den Grund der Beendigung oder des Fortbestehens der Kooperation näher zu analysieren. Die Dauer der Kooperation wird dabei generell von diversen Einflussfaktoren wie u. a. von zu realisierenden Zielen bestimmt. Rückschlüsse auf den Erfolg können in Folge dessen nur

---

149   Endress (1991), S. 55.
150   Vgl. Balling (1998), S. 123.
151   Vgl. Balling (1998), S. 167.
152   Balling (1998), S. 170.

bedingt durch Betrachtung der Kooperationsdauer erfolgen. Dennoch kann man bei einer länger existierenden Kooperation eher von einem positiven Gesamtergebnis ausgehen.[153]

Akzeptanz bei Zielgruppen

Abschließender Parameter ist die Akzeptanz bei der Zielgruppe, sprich die Betrachtung der Kooperation aus externer Sicht. Dabei ist durch die Akzeptanz der Zielgruppe ein Rückschluss auf den Erfolg der Kooperation möglich. Ebenso können in diesem Zusammenhang Anregungen für Optimierungsmaßnahmen von einem externen Betrachtungswinkel für die Kooperation generiert werden.[154]

3.3 Analyse des Kooperationserfolges

Unter Gliederungspunkt 2.2.1 wurden die Herausforderungen erläutert, die sich im Rahmen einer Erfolgsanalyse bei Kooperationen ergeben können. Die Anwendung eines passenden Modells für eine quantitative und qualitative Erfolgskontrolle mit der Zielsetzung einer umfassenden Analyse des Kooperationserfolg wird im Folgenden vorgestellt.

Soll-Ist-Vergleich

In den einschlägigen Literatur finden sich verschiedene Ansätze zur Messung des Erfolges.[155] Am häufigsten basiert dabei jedoch die Erfolgsanalyse auf Grundlage eines Soll-Ist-Vergleichs.[156] Der Soll-Ist-Vergleich konzentriert sich auf die Ermittlung von Abweichungen zuvor festgelegter Soll-Werte mit den erreichten Ist-Werten. Neben den Soll-Kosten und den Ist-Kosten, dem Soll-Umsatz und dem Ist-Umsatz können ebenso der Soll-Erfolg mit dem tatsächlichen Ist-Erfolg verglichen werden. Mit Hilfe dieser Methode lassen sich Planabweichungen feststellen.[157] Anschließend an diese Gegenüberstellung folgt die Abweichungsana-

153 Vgl. Balling (1998), S. 170 ff.
154 Vgl. Balling (1998), S. 173.
155 Vgl. Branz (2009), S. 66.
156 Vgl. Friese (1998), S. 105.
157 Vgl. Horváth (2011), S. 421; Klett & Pivernetz (2010), S. 125 ff.; Braunschweig & Reinhold (2000), S. 41 f.; Deyhle & Hauser (2007), S. 43.

lyse mit der Zielsetzung, die Ursachen für die entstandene Differenz zwischen den Soll- und Ist-Daten zu untersuchen und Maßnahmen zur Optimierung zu erarbeiten. Dabei stellen diese Optimierungsmaßnahmen gleichzeitig neue Soll-Vorgaben dar.[158]

In Bezug auf Kooperationen jedoch eignet sich diese Form der Erfolgsmessung nur bedingt, da sich der Soll-Ist-Vergleich lediglich auf quantitative Zielgrößen konzentriert, anhand derer aber keine eindeutig zielführende und umfassende Beurteilung des Erfolges einer zwischenbetrieblichen Zusammenarbeit vorgenommen werden kann.[159] Bei Kooperationen spielt das Erreichen qualitativer Ziele zunehmend eine entscheidende Rolle. In Folge dessen erscheint es für eine umfassende und zielführende Erfolgsmessung notwendig, ebenso diese qualitativen Erfolgsgrößen mittels einer geeigneten Methode in die Analyse zu integrieren.[160]

Aufgrund der vorwiegend quantitativen Eignung des Soll-Ist-Vergleiches und der somit nur bedingten Eignung als Methode für eine Erfolgsanalyse bei Kooperationen, ergibt sich die Notwendigkeit ein Modell heranzuziehen, anhand dessen eine umfassende Messung des Erfolges mit Beachtung sowohl quantitativer als auch qualitativer Erfolgsgrößen möglich ist. Als passendes Modell erscheint dem Autor hier das im Folgenden dargestellte Konzept von Schaan.

Das Konzept von Schaan

Ausgehend von der oben beschriebenen Problematik entwickelte Schaan ein Modell, mit Hilfe dessen der Erfolg von Kooperationen durch Integration mehrerer Kriterien objektiver beurteilt und gemessen werden kann. Dabei können in seinem Modell neben quantitativen auch explizit qualitative Kriterien mit in die Untersuchung einbezogen und kombiniert werden.[161] Abbildung 3 visualisiert vorab das Konzept von Schaan. Schaans Modell untergliedert sich in vier Spalten: die zu untersuchenden Kriterien, die Gewichtung der Kriterien (Gi), den kriterienbezogenen Zielerreichungsgrad (Zi), sowie den in der letzten Spalte aufgeführten Kooperationserfolgs- Index (Gi x Zi).[162]

---

158 Vgl. Klett & Pivernetz (2010), S. 127; Horváth (2011), S. 423.
159 Vgl. Friese (1998), S. 105f; Schertler (1995), S. 155.
160 Vgl. Friese (1998), S. 106.
161 Vgl. Friese (1998), S. 107 f.
162 Vgl. Friese (1998), S. 108.

Die Basis des Modells von Schaan bildet ein individuell auf die Kooperation angepasster Kriterienkatalog, in welchem eine gewisse Anzahl an relevanten Erfolgsparametern für die Kooperation aufgelistet ist. An der Erfüllung dieser Kriterien orientiert sich die Erfolgsmessung. Wichtig dabei ist, dass diese Kriterien seitens der beteiligten Unternehmen je nach ihrer Bedeutung gewichtet werden (G_i) und die Summe der Gewichte 100 Prozent ergeben. Darauf aufbauend ist der jeweilige Zielerreichungsgrad (Z_i) der Kriterien auf einer Skala von eins bis sieben zu ermitteln, wobei eins den geringsten und sieben den höchsten Grad der Zielerreichung wiederspiegelt. Letzter Schritt im Rahmen der Erfolgsmessung nach Schaan ist die Bildung des Kooperationserfolgs-Index (G_i x Z_i).

Kriterien	Gewichte G_i	Kriterienbezogener Zielerreichungsgrad (Z_i)							G_i x Z_i
		gering						hoch	
A	G_A	1	2	3	4	5	6	7	G_A x Z_A
B	G_B	1	2	3	4	5	6	7	G_B x Z_B
C	G_C	1	2	3	4	5	6	7	G_C x Z_C
D	G_D	1	2	3	4	5	6	7	G_D x Z_D
n	G_n	1	2	3	4	5	6	7	G_n x Z_n
	n								n

Abbildung 3: Konzept von Schaan
Quelle: Vgl. Friese (1998), S. 108.

Der Gesamtindex ergibt sich dabei aus der Summe der zuvor mit ihrem jeweiligen Zielerreichungsgrad multiplizierten gewichteten Kriterien. Je höher dabei dieser Index ist, desto erfolgreicher war die Kooperation, da die zuvor durch die

Kooperationspartner definierten Ziele eine bestmögliche Zielerreichung aufweisen. Als optimaler Kooperationserfolgs-Index kann sich pro Unternehmen ein Maximalwert von sieben aufgrund der Skala für den Zielerreichungsgrad ergeben.[163]

Ungeachtet der Tatsache, dass dieses Modell sowohl quantitative als auch qualitative Aspekte in die Analyse einbezieht, gilt dennoch als kritisch anzumerken, dass eine Gewichtung der Kriterien durch die beteiligten Unternehmen nur äußerst schwierig vollzogen werden kann. Diese Gegebenheit beschränkt das Modell in seiner praktischen Anwendung.[164]

---

163   Vgl. Friese (1998), S. 108 f.; Branz (2009), S. 71.
164   Vgl. Branz (2009), S. 71.

4 Fazit

Im Rahmen der vorliegenden Bachelorarbeit wurde eine Erfolgsanalyse der Kooperation zwischen den Messgesellschaften „X" und „Y" anhand der Messe „Z" durchgeführt. Durch die Analyse quantitativer wie qualitativer Erfolgsfaktoren konnten einige positive wie negative Aspekte der neu implementierten Zusammenarbeit herausgestellt und damit einhergehend Optimierungsmaßnahmen für die Kooperation erarbeitet werden.

Mit Hilfe des unter Gliederungspunkt 2.2.3 vorgestellten Konzeptes nach Schaan war es im Zuge des Beitrags möglich, für das untersuchte Kooperationsprojekt einen konkreten Erfolgsindex zu berechnen.

Ein eindeutiges Ergebnis hinsichtlich Erfolg oder Misserfolg der Kooperation konnte durch die Analyse jedoch nicht hervorgebracht werden. Mit einem errechneten Kooperationserfolgs-Index von 3,28 (Skala eins bis sieben) nach Schaan kann man von einem durchschnittlichen Erfolg sprechen. Jedoch fehlen zur Bestimmung des Stellenwertes dieses Erfolgsindexes Vergleichswerte ähnlicher Kooperationsprojekte. Für eine Beantwortung selbiger Frage müssten somit weitere Forschungen in einem breiteren Kontext angestellt werden.

Generell stellen Kooperationen in der Messewirtschaft jedoch ein probates Mittel dar, sich im steigenden Wettbewerbsdruck der Branche durch Schaffen von Synergieeffekten besser von der Konkurrenz abgrenzen und sich Wettbewerbsvorteile erarbeiten zu können.

Literaturverzeichnis

A UMA_Ausstellungs- und Messeausschuss der Deutschen Wirtschaft e.V. (2012a): B2C-Trendstudie: Perspektiven, Potentiale und Positionierung von Publikumsmessen, Berlin.

AUMA_Ausstellungs- und Messeausschuss der Deutschen Wirtschaft e.V. (2012b): Messemediaguide 2013, Berlin.

AUMA_Ausstellungs- und Messeausschuss der Deutschen Wirtschaft e.V. (2013): Die Messewirtschaft: Bilanz 2012, Berlin.

Balling, R. (1998): Kooperation: Strategische Allianzen, Netzwerke, Joint Ventures und andere Organisationsformen zwischenbetrieblicher Zusammenarbeit in Theorie und Praxis, 2. Aufl., Frankfurt a. M.

Belzer, V. (1993): Unternehmenskooperationen: Erfolgsstrategien und Risiken im industriellen Strukturwandel, Mering.

Branz, P. (2009): Effizienz und Effektivität von Marketingkooperationen, Lohmar.

Braunschweig, C. & Reinhold, K. (2000): Grundlagen des strategischen Managements, München.

Bronder, C. (1992): Kooperationsmanagement: Unternehmensdynamik durch strategische Allianzen, Frankfurt a. M..

Berekoven, L., Eckert, W. & Ellenrieder, P. (2009): Marktforschung: Methodische Grundlagen und praktische Anwendung, 12. Aufl., Wiesbaden.

Büchel, B., Prange, C., Probst, G. & Rüling, C-C. (1997): Joint Venture-Management: Aus Kooperationen lernen, Bern.

Dammer, I. (2011): Gelingende Kooperation („Effizienz"), in: Becker, T. et al. (Hrsg.): Netzwerkmanagement: Mit Kooperationen zum Unternehmenserfolg, 3. Aufl., Berlin, S.37-47.

Deyhle, A. & Hauser, M. (2007): Controller-Praxis: Führung durch Ziele, Planung, Controlling – Bd. 2: Soll-Ist-Vergleich, Erwartungsrechnung und Führungsstil,16. Aufl., Offenburg.

Deyhle, A. & Hauser, M. (2010): Controller-Praxis: Führung durch Ziele, Planung, Controlling – Bd. 1: Unternehmensplanung, Rechnungswesen und Controllerfunktion, 17. Aufl., Freiburg.

Dierig, C. (2012): Sterne am Verblassen – Traditionelle Verbraucherveranstaltungen kämpfen mit erheblichen Besucherverlusten. In: http://www.welt.de/print/die_welt/wirtschaft/article108954744/Sterne-am-Verblassen.html. Zugriff am 18.07.2013.

Dillerup, R. & Stoi, R. (2013): Unternehmensführung, 4. Aufl., München.

Drews, H. (2001): Instrumente des Kooperationscontrollings: Anpassung bedeutender Controllinginstrumente an die Anforderungen des Managements von Unternehmenskooperationen, Wiesbaden.

Endress, R. (1991): Strategie und Taktik der Kooperation: Grundlagen der zwischen- und innerbetrieblichen Zusammenarbeit, 2. Aufl., Berlin.

FKM – Gesellschaft zur Freiwilligen Kontrolle von Messe- und Ausstellungszahlen (2013a): Zertifizierte Messedaten zum Mannheimer-Maimarkt. In: http://fkm.de/index.php?comingfrom=suche&session=cf26 cdc9277ddf0ec57daf4d9790ede4&showonly=messe&id=6&link=/_pages/MesseDetailListe.aspx?id=109772. Zugriff am 06.08.2013.

FKM – Gesellschaft zur Freiwilligen Kontrolle von Messe- und Ausstellungszahlen (2013b): Zertifizierte Messedaten zur Consumenta Nürnberg. In: http://fkm.de/index.php?comingfrom=suche&session=a365 ba4b68f8b43a0d651365759e707e&showonly=messe&id=6&link=/_pages/MesseDetailListe.aspx?id=109530. Zugriff am 06.08.2013.

Fockenbrock, D. (2012): Konzerne setzten voll auf Kooperation. In:http://www.handelsblatt.com/unternehmen/management/strategie/handelsblatt-forum-konzerne-setzen-voll-auf-kooperation/6206956.html. Zugriff am 05.08.2013.

Fontanari, M. (1996): Kooperationsgestaltungsprozesse in Theorie und Praxis, Berlin.

Friese, M. (1998): Kooperation als Wettbewerbsstrategie für Dienstleistungsunternehmen, Wiesbaden.

Grunwald, G. & Hempelmann, B. (2012): Angewandte Marktforschung: Eine praxisorientierte Führung, München.

Heide, D. (2013): Energiekooperation – Eon wird zum Dienstleister für Metro. In: http://www.handelsblatt.com/unternehmen/industrie/ energiekooperation-eon-wird-zum-dienstleister-fuermetro/8221638.html. Abgerufen am 03.08.2013.

Helmcke, M. (2008): Handbuch für Netzwerk- und Kooperationsmanagement, Bielefeld.

Horváth, P. (2011): Controlling, 12. Aufl., München.

Howaldt, J. & Ellerkmann, F. (2011): Entwicklungsphasen von Netzwerken und Unternehmenskooperationen. In: Becker, T. et al. (Hrsg.): Netzwerkmanagement: Mit Kooperationen zum Unternehmenserfolg, 3. Aufl., Berlin, S. 23-35.

Hungenberg, H. (2012): Strategisches Management in Unternehmen: Ziele – Prozesse – Verfahren, 7. Aufl., Wiesbaden.

Kapalschinski, C. (2011): Franchise-Nehmer wandern ab – Subway wird zum großen Buhmann. In: http://www.handels blatt.com/unternehmen/ handelsdienstleister/franchise-nehmer-wandern-ab-subwaywird-zum-grossen-buhmann/4506528.html. Zugriff am 04.08.2013.

Killich, S. (2011): Formen der Unternehmenskooperation. In: Becker, T. et al. (Hrsg.): Netzwerkmanagement: Mit Kooperationen zum Unternehmenserfolg, 3. Aufl., Berlin, S. 13-22.

Klett, C. & Pivernetz, M. (2010): Controlling in kleinen und mittleren Unternehmen: Ein Handbuch mit Auswertungen auf Basis der Finanzbuchhaltung, 4. Aufl., Herne.

Kromer von Baerle, U. & Müller, B. (2003): Instrumente der Besucherakquisition. In: Kirchgeorg, M. et al. (Hrsg.): Handbuch Messemanagement, Wiesbaden, S. 773-784.

Leymann, F. (o. J.): Cloud Computing, in: Gabler Wirtschaftslexikon, http://wirtschaftslexikon.gabler.de/Definition/cloud-computing.html. Zugriff am 09.08.2013.

Ohmae, K. (1989): The Global Logic of Strategic Alliances, Harvard Business Review, March/ April, S. 143-154.

O. V. (2013): Schiffskrise – Drei große Reedereien wollen kooperieren. In:http://www.manager-magazin.de/unternehmen/artikel/a-906314.html. Zugriff am 05.08.2013.

Rotering, J. (1993): Zwischenbetriebliche Kooperation als alternative Organisationsform: ein transaktionskostentheoretischer Erklärungsansatz, Stuttgart.

Rupprecht-Däullary, M. (1994): Zwischenbetriebliche Kooperation: Möglichkeiten und Grenzen durch neue Informations- und Kommunikationstechnologien, Wiesbaden.

Schäper, C. (1997): Entstehung und Erfolg zwischenbetrieblicher Kooperation: Möglichkeiten öffentlicher Förderung, Wiesbaden.

Schertler, W. (1995): Management von Unternehmenskooperationen: branchenspezifische Analysen. Neuste Forschungsergebnisse, Wien.

Schmoll, G. A. (2001): Kooperationen, Joint Ventures, Allianzen: Mit Auslandspartnern Wettbewerbs- und Marktvorteile erzielen, Köln.

Schuh, G., Friedli, T. & Kurr, M. A. (2005): Kooperationsmanagement: Systematische Vorbereitung, Gezielter Auf- und Ausbau, Entscheidende Erfolgsfaktoren, München.

Sydow, J. (1992): Strategische Netzwerke: Evolution und Organisation, Wiesbaden.

Teusler, N. (2008): Strategische Stabilitätsfaktoren in Unternehmenskooperationen: Eine kausalanalytische Betrachtung, Wiesbaden.

Tröndle, D. (1987): Kooperationsmanagement: Steuerung interaktioneller Prozesse bei Unternehmenskooperationen, Bergisch Gladbach.

BLUEPRINTING FÜR MESSEGESELLSCHAFTEN

ZUM SYSTEMATISCHEN STRUKTURIEREN UND OPTIMIEREN DES DIENSTLEISTUNGSPROZESSES „MESSE" – MIT KONZENTRATION AUF DEN KUNDENTYP „AUSSTELLER"

Klaus Riedel

Inhaltsverzeichnis

Abbildungsverzeichnis

I Einleitung

In allen Organisationen – ob Wirtschaftsunternehmen, Behörde oder Verein – ist der Aufbau klar geregelt. Detaillierte Organigramme veranschaulichen auf einen Blick die Hierarchie innerhalb der Organisation. Sie machen deutlich, wer wem über- oder untergeordnet ist und welche Organisationseinheiten zu funktionalen Blöcken zusammengefasst sind. Die internen Aktivitäten werden dabei zunächst vernachlässigt und die Kunden spielen in solch einer Darstellung wenn überhaupt, nur eine untergeordnete Rolle. Dabei sollte doch im Sinne der heutzutage vorherrschenden Kundenorientierung folgender Grundsatz gelten:

„Der Kunde, die Mitarbeiter, die Gesellschaft. In dieser Reihenfolge."[1]

Denn nur zufriedene Kunden können auf Dauer den Erfolg von Unternehmen sichern. Doch welche Faktoren geben schlussendlich den Ausschlag, ob der Friseur, das Bauunternehmen oder die Messegesellschaft ihre Kunden zufrieden stellen können? Letztere hatten im Jahr 2011 in Deutschland allein auf den überregionalen Messen immerhin über 9,5 Mio. Besucher als Kunden.[2] Doch eine Messegesellschaft und die Besucher allein machen noch keine Messe aus. Entscheidend für den Erfolg von Messen sind die Unternehmen in ihrer Funktion als Aussteller. Ohne ihr Mitwirken kann eine Messe genauso wenig funktionieren wie andere Dienstleistungen:

„Kein Haarschnitt, ohne dass der Kunde ‚seinen Kopf hinhält', keine Autoreparatur, ohne dass der Kunde nicht das defekte Auto zur Verfügung stellt, keine Unternehmensberatung ohne Informationen zur Unternehmenssituation."[3]

Die Dienstleistungserstellung erfordert daher ein hohes Maß an Kundenorientierung. Dies gilt insbesondere auch für Messegesellschaften. Die Interaktion mit der Kundengruppe Aussteller ist dabei eine sehr intensive. Zwischen dem auf die Messe Aufmerksamwerden und dem Verlassen des Messegeländes nach der

---

1 Johnen (o. J.), o. S.
2 Vgl. AUMA (2012), o. S.
3 Fließ (2000), o. S.

Veranstaltung findet eine Vielzahl von Prozessschritten und Kontaktsituationen zwischen der Messegesellschaft und dem Aussteller statt.

Doch was können die Messegesellschaften tun, um den Ansprüchen ihrer wichtigsten Kunden gerecht zu werden?

Eine geeignete Methode, Dienstleistungen kundenorientiert darzustellen, Prozesse transparenter und somit Schwachstellen sichtbar zu machen, ist das Blueprinting.[4] Eine Verwendung durch Messegesellschaften ist bisher jedoch nicht bekannt.

Die Zielstellung des Beitrags konkretisiert sich folglich darin, die allgemeine Vorgehensweise zum Erstellen eines Blueprints näher zu bestimmen und sie in Form eines tatsächlich zu entwickelnden Blueprints auf den Dienstleistungsprozess „Messe" zu übertragen und die Nutzbarkeit der Methode für Messegesellschaften zur Strukturierung und Optimierung ihrer Prozesse zu überprüfen. Aufgrund seiner enormen Bedeutung in der Leistungserstellung, fällt die Konzentration dabei auf den Kundentyp „Aussteller".

---

4   Vgl. Fließ (2000), o. S.

2 Begriffliche Einordnung

In diesem Kapitel werden die grundlegenden Begriffe in Kurzform vorgestellt und erläutert, auf denen die weiteren Ausführungen und Überlegungen dieses Beitrags basieren.

2.1 Messe und Messegesellschaft

Hinsichtlich des Begriffs „Messe" werden in der Gewerbeordnung, in Fachliteratur und durch den Ausstellungs- und Messeausschuss der Deutschen Wirtschaft e.V. (AUMA) grundsätzlich zwischen Messen und Ausstellungen unterschieden.[5] Eine Unterscheidung zwischen den beiden Veranstaltungsformen ist nachfolgend jedoch nicht hilfreich. Entscheidend für die Betrachtung ist der Dienstleistungsprozess, der durch gleichartige Vorgehensweisen in der Organisation und Durchführung der Veranstaltung sowie dem Kontakt zwischen Kunde (Aussteller) und Dienstleister (Veranstalter) gleichermaßen für Messen und Ausstellungen gilt. Der Einfachheit halber wird nachfolgend der Begriff Messe daher auch für Ausstellungen verwendet.

2.2 Dienstleistungsprozess

Für den Begriff „Dienstleistungsprozess" gibt es in der Literatur bisher keine einheitliche Definition. Er setzt sich aus den Worten „Dienstleistung" und „Prozess" zusammen, welche nachfolgend einzeln definiert werden.

Der Begriff Dienstleistung wird für die weitere Betrachtung nach Meffert und Bruhn definiert: „Dienstleistungen sind selbständige, marktfähige Leistungen, die mit der Bereitstellung und/oder dem Einsatz von Leistungsfähigkeiten verbunden sind (Potenzialorientierung). Interne und externe Faktoren werden im Rahmen des Erstellungsprozesses kombiniert (Prozessorientierung). Die Faktorenkombination des Dienstleistungsanbieters wird mit dem Ziel eingesetzt, an

---

5 Vgl. §§ 64-65 GewO; AUMA (2011), S. 2.

den externen Faktoren, an Menschen und deren Objekten nutzenstiftende Wirkungen zu erzielen (Ergebnisorientierung)."[6]

Auch eine Messeveranstaltung „[...] erfüllt heute mehr denn je die Rolle einer Dienstleistung."[7] Obwohl diese Aussage und ein Großteil der Literatur, die sich mit Messen als Dienstleistungen auseinandersetzt, sich dabei auf den Kundentyp „Besucher" konzentrieren, so gilt die Dienstleistungsdefinition ebenfalls mit Konzentration auf den Kundentyp „Aussteller". Die Messe stellt eine eigene marktfähige Leistung dar, die Hallen, Messegelände und Wissen (in Form von Personal) bereithält. Im Erstellungsprozess werden dabei interne Faktoren mit den Ausstellern und deren Objekten kombiniert. Abschließend erfahren die Aussteller durch die Dienstleistung eine nutzenstiftende Wirkung z. B. in Form von Kenntniserweiterung, neuen Kontakten zu Besuchern oder erhöhter Bekanntheit. Messen entsprechen also der allgemeinen Definition von Dienstleistungen. „Dementsprechend kann auch das Messemanagement als spezifische Form des Dienstleistungsmanagements verstanden werden."[8]

Für die weitere Betrachtung wird die Messe im Sinne der Prozessorientierung verstanden. Neben der reinen Veranstaltungsphase gehören dazu hinsichtlich der Prozessphase alle Tätigkeiten und Leistungen von dem Erhalt der Anmeldeunterlagen bis zum Verlassen der Veranstaltung.[9]

Die Leistungsfähigkeit und -verfügbarkeit, das Messegelände und die Messehallen in der Potenzialphase sowie die Ergebnisse und (nutzenstiftenden) Wirkungen in der Ergebnisphase der Messe sind kein Bestandteil der Untersuchung.

Der Begriff Prozess kann grundsätzlich mit „Fortgang" oder „Verlauf" übersetzt werden und wird im Sinne dieses Beitrags in Anlehnung an Gaitanidis, Haller, Fließ, Lasshof und Meckel definiert als: Eine auf die Anforderungen der Kunden zielgerichtete Leistungserstellung durch eine Abfolge von logisch verbundenen Aktivitäten mit einem definierten Anfang und Ende.[10]

---

6   Meffert & Bruhn (2009), S. 19.
7   Zimmermann (2006), S. 2.
8   Kirchgeorg (2003), S. 62; in: Bosch (2006), S. 24.
9   Vgl. Birkelbach (1993), S. 6; in: Bosch (2006), S. 24.
10 Vgl. Gaitanides (1983), S. 65; Haller (2010); S. 192; Fließ, Lasshof & Meckel (2004), S. 4.

2.3 Kundenkontaktpunkt

Messen und Kundenkontakte gehören eng zueinander, denn „nirgendwo sonst können Sie so viele effektive direkte Kundengespräche und Kundenkontakte führen wie auf einer Messe".[11] Im Sinne des Beitrags ist dabei der Messeveranstalter als Dienstleistungsanbieter und der Aussteller als Kunde zu verstehen.

Als Kontakt könnte bereits die reine physische Anwesenheit des Kunden im System gelten. Da es sich bei Messen um persönlich erbrachte und interaktive Dienstleistungen handelt, kann zusätzlich in zwei Kontaktarten unterschieden werden:[12]

- Direkte, persönliche Kontakte
  (sogenannte face-to-face-Kontakte, wie z. B. persönliche Kundenanfragen, Außendienstbesuche, Anmeldung im Messebüro, Beratungen oder persönliche Beschwerden)
- Indirekte Kontakte
  (durch medialen Austausch wie z. B. Telefonate, E-Mails, Faxe, Briefe)

Als dritte Kontakt-Kategorie wäre ein indirekter, aber persönlicher Kontakt des Kunden mit dem Anbieter denkbar, wenn beispielsweise ein Aussteller mit dem externen Caterer der Messe in persönlichen Kontakt tritt. Auf diese Weise tritt er zwar nicht in direkten Kontakt mit dem Dienstleistungsanbieter (Messegesellschaft), jedoch kann die Teilleistung des Caterers als Bestandteil der Dienstleistung Messe angesehen werden, da er im Auftrag der Messegesellschaft agiert. Aus dem Grund der leichteren Zuordnung wird diese Art von Kontakt nachfolgend als direkter persönlicher Kontakt eingestuft.

Die Gesamtheit des Kontakts zwischen Dienstleistungskunde und Dienstleistungsanbieter entsteht im Leistungserstellungsprozess durch die Summe der Kundenkontaktpunkte, also der einzelnen Kontaktsituationen. Diese werden in der Literatur auch vielfach als „moments of truth" bzw. „Augenblicke der Wahrheit" bezeichnet, da in ihnen die Qualitätswahrnehmung im Dienstleistungsprozess in

---

11 Kreuter (2010), S. 70
12 Vgl. Fließ, Möller & Momma (2003), S. 15 f.

besonderem Maße erfolgt. Dadurch steht jeder „noch so kleine Kontakt - wie eine Begrüßung - [...] auf dem Prüfstand [...]".[13]

Um den vorliegenden Dienstleistungsprozess „Messe" kundenorientiert zu optimieren, gilt es, die Kundenkontaktpunkte so zu gestalten, dass die Kundenwahrnehmungen positiv ausfallen. Dafür ist herauszufinden, welche und wie häufig die Kundenkontaktpunkte im Dienstleistungsprozess auftreten und wie sie von den Kunden bewertet werden.[14]

Mit Hilfe der Methode Blueprinting können Kundenkontaktpunkte im Dienstleistungsprozess identifiziert und grafisch dargestellt werden.[15]

---

13   Stauss (2012), S. 21.
14   Stauss (1999), S. 326 f.
15   Vgl. Meffert & Bruhn (2009), S. 208.

3 Grundlagen der Blueprinting-Methode

Die Bezeichnung Blueprinting kommt aus dem Englischen und bedeutet Blaupause, Abbild, Plan oder Entwurf. Die Methode wurde in den 1980er Jahren erstmals von Shostack zum Designen neuer Dienstleistungen entwickelt und seitdem v. a. durch Autoren wie Kingman-Brundage, Kleinaltenkamp und Fließ maßgeblich geprägt.[16]

Im Dienstleistungsverständnis wird Blueprinting häufig auch als „Service Blueprinting" bezeichnet und zumeist als das Visualisieren und Strukturieren eines Dienstleistungsprozesses mit seinen Teilaktivitäten verstanden.[17] Da sich die nachfolgenden Betrachtungen grundsätzlich im Dienstleistungsbereich befinden, werden die Begriffe synonym verwendet. Durch einen Blueprint wird ein Abbild einer Dienstleistung und/oder seiner Teilprozesse chronologisch und aus Kundensicht skizziert. Dabei werden insbesondere die Kundenaktivitäten, Kundenkontaktpunkte und Hintergrundaktivitäten, die der Kunde nicht direkt wahrnimmt, visualisiert.

3.1 Formen und Dimensionen

In der typischen Blueprint-Darstellung lässt sich zwischen der vertikalen und horizontalen Dimension unterscheiden. Unter der horizontalen Betrachtungsweise versteht man demnach die zeitliche Dimension der Leistungserstellung. Die vertikale Dimension eines Blueprints kann als inhaltliche Dimension verstanden werden.[18]

Im Laufe der Entwicklung des Blueprintings kam es zu unterschiedlichen Veränderungen in der Darstellung eines Blueprints, die sich hinsichtlich der beiden Dimensionen jedoch hauptsächlich auf die vertikale Betrachtungsweise beziehen.

---

16 Vgl. die Werke von Shostack (1984); Kingman-Brundage (1989); Kleinaltenkamp (2000); Fließ & Kleinaltenkamp (2004); Fließ, Lasshof & Meckel (2004).
17 Vgl. Kleinaltenkamp (2000), S: 4; Fließ, Lasshof & Willems (2006), S. 79.
18 Vgl. Fließ, Lasshof & Meckel (2004), S.14; Fließ, Möller & Momma (2003), S. 29 f.

An der Horizontalen wurden stattdessen keine Veränderungen vorgenommen, sie gilt als Kernelement eines Blueprints.[19]

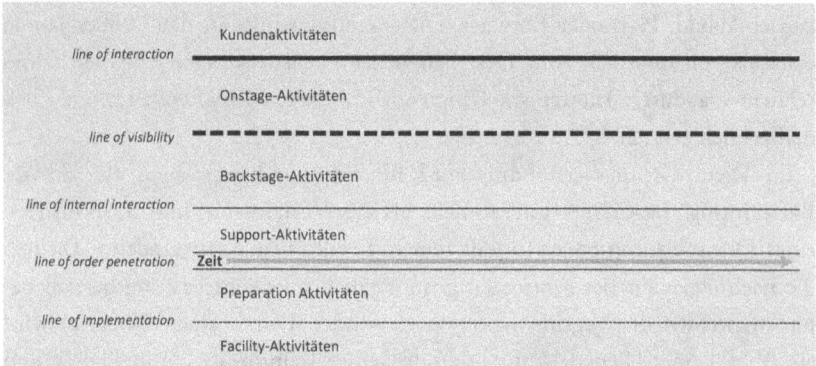

Abbildung 1: Struktur eines Blueprints nach der dritten Entwicklungsstufe in der Darstellung von Fließ und Kleinaltenkamp
Quelle: In Anlehnung an Fließ & Kleinaltenkamp (2004), S. 397.

Line of interaction

Die erste Entwicklungsstufe von Shostack unterteilt den Blueprint mit Hilfe der sogenannten line of interaction (Kundeninteraktionslinie). Sie trennt die Kundenaktivitäten von den Anbieteraktivitäten und definiert gleichermaßen die Kundenkontaktpunkte. Damit verdeutlichte Shostack, dass der Kunde in die Dienstleistungserstellung integriert wird.[20]

Line of visibility

Eine weitere Trennung geschieht durch die line of visibility (Sichtbarkeitslinie). Sie unterteilt die Anbieteraktivitäten in:

- Onstage-Aktivitäten, die für den Kunden sichtbaren Aktivitäten und
- Backstage-Aktivitäten, die für den Kunden nicht-sichtbaren Aktivitäten.

---

19 Vgl. Fließ, Möller & Momma (2003), S. 30.
20 Vgl. Fließ (2006), S. 66; Fließ, Lasshof & Meckel (2004), S. 15.

Im Blueprint werden somit die Schritte, in denen der Kunde am Dienstleistungsprozess beteiligt ist, sichtbar von denen zur Leistungserstellung notwendigen und wertschöpfenden Anbieteraktivitäten getrennt.[21] Diese Art der Darstellung unterstreicht den Blick auf die Dienstleistung aus Kundensicht und unterscheidet einen Blueprint von der Prozesskette.[22]

Line of internal interaction

Unterhalb der line of visibility hat sich mit der line of internal interaction (Interne Interaktionslinie) eine weitere Trennung der nicht-sichtbaren Anbieteraktivitäten in Backstage- und Support-Aktivitäten etabliert. Support-Aktivitäten können auch als unterstützende Aktivitäten bezeichnet werden. Sie werden in der Regel von anderen Personen als dem Kundenkontakt-Personal ausgeführt und bedürfen somit einer internen Interaktion.[23] In neueren Blueprints werden z. B. auch Abteilungen und Angestellte dargestellt, die mit den jeweiligen Prozessen betraut sind, um interne Verantwortlichkeiten abzugrenzen.[24]

Line of implementation und Line of order penetration

Die line of implementation (Implementierungslinie) trennt die Support-Aktivitäten von den Management-Aktivitäten. Die Aktivitäten im Support-Bereich sind auf den spezifischen Dienstleistungsprozess ausgerichtet und können ihm zugeordnet werden. Management-Aktivitäten, dazu zählen Planung und Controlling, beziehen sich dagegen zwar auch auf diesen spezifischen Dienstleistungsprozess, gleichermaßen jedoch auch auf eine Vielzahl anderer Dienstleistungsprozesse.[25]

Durch die line of order penetration (Vorplanungslinie) werden die Aktivitäten des Leistungserstellungsprozesses von den Aktivitäten des Leistungspotenzials grafisch abgegrenzt. Eine genaue zeitliche Abfolge kann dabei nur für die Aktivitäten im Rahmen des Leistungserstellungsprozess angegeben werden. Die

---

21 Vgl. Meis, Menschner & Leimeister (2010), S. 43; Fließ (2006), S. 65.
22 Vgl. Meyer & Blümelhuber (1998), S. 925.
23 Vgl. Fließ, Lasshof & Meckel (2004), S. 15.; Für ein beispielhaften Blueprint vgl. Kleinaltenkamp (2000), S. 7.
24 Vgl. Gelbrich (2009), S. 621.
25 Vgl. Fließ & Kleinaltenkamp (2004), S. 396; Fließ, Lasshof & Meckel (2004), S. 15.

Potenzialaktivitäten, wie z. B. die Gebäudeinstandhaltung, haben lediglich inhaltlichen Bezug zu den Prozessaktivitäten, da sie die Voraussetzungen schaffen, die für die Durchführung der jeweiligen Prozessaktivitäten benötigt werden. In der Struktur spiegelt sich dies in der Verschiebung der Zeitachse in die Vorplanungslinie wieder.[26]

Weitere Formen und Darstellungsmöglichkeiten

Unabhängig von den zuvor gezeigten Entwicklungsstufen lässt sich ein Blueprint nach Kingman-Brundage in zwei wesentliche Formen unterscheiden:

• Concept-Blueprint: ein aus Makro-Sicht gestalteter Blueprint. Er zeigt die Dienstleistung als Ganzes in einer Art Übersicht in einer allgemeinen und relativ abstrakten Form.
• Detailed-Blueprint: ein aus Mikro-Sicht gestalteter Blueprint. Er zeigt die Prozesse sehr konkret und eignet sich daher gut für die Kundenintegration.[27]

Außerdem sollten unabhängig von der Form des Blueprints Fehlerquellen antizipiert werden. Dadurch können frühzeitig Korrekturmaßnahmen eingeleitet werden.

Zu den vorhandenen, horizontal verlaufenden Aktivitätsebenen kann außerdem eine Ebene „Physical Evidence" hinzugefügt werden, in der die wahrnehmbaren Merkmale, die während der Dienstleistungserstellung anfallen, gelistet sind.

In die Darstellung können des Weiteren auch Fehler- oder Wartepunkte integriert werden, die als Markierung an einzelnen Prozessschritten auf häufige Fehlervorkommnisse oder die Gefahr zu übermäßigen Wartezeiten hinweisen.

---

26 Vgl. Kleinaltenkamp (2000), S. 11 f.
27 Vgl. Kingman-Brundage (1989), S. 30; Fließ, Möller & Momma (2003), S. 32.

3.2 Lesen und Anwenden eines Blueprints

Grundsätzlich kann ein Blueprint auf verschiedene Weisen gelesen werden. Je nach Absicht empfiehlt es sich, die vertikale oder horizontale Dimension oder den Blueprint als Ganzes zu betrachten. Hilfreich sind dabei v. a. die verschiedenen Aktivitätsebenen in der Vertikalen, welche durch die bereits beschriebenen Trennlinien aufgeteilt werden (s. Abbildung 2). Dadurch grenzen sich folgende Aktivitätsarten jeweils voneinander ab:

- Kundeninitiierte Aktivitäten von kundenunabhängigen Aktivitäten
- Primäre Aktivitäten von sekundären Aktivitäten
- Sichtbare Aktivitäten von nicht-sichtbaren Aktivitäten (aus Kundensicht)
- Kundenaktivitäten von Anbieteraktivitäten

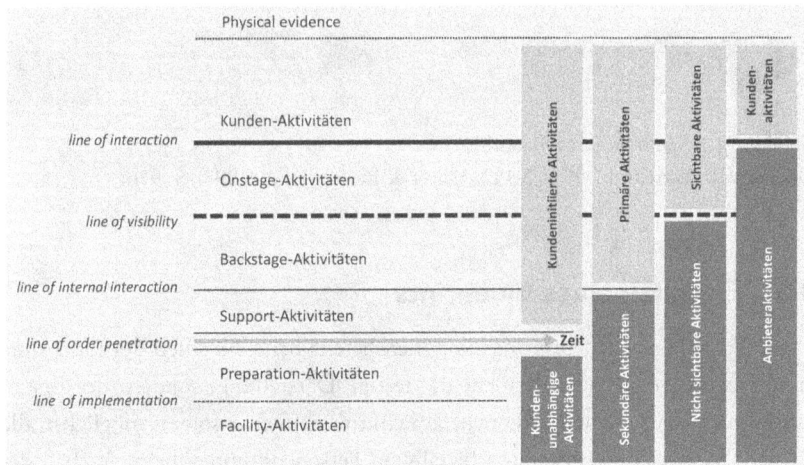

Abbildung 2: Blueprintstruktur und Aktivitätsebenenabgrenzung nach Fließ und Kleinaltenkamp
Quelle: Fließ, Lasshof & Meckel (2004), S. 17.

Im Kontrast zu den Aktivitäten werden häufig auch die wahrnehmbaren Merkmale (Physical evidence) in den Blueprint integriert. Aus Gründen der

Übersichtlichkeit werden sie dabei meist getrennt von den Aktivitätsebenen ganz oben in einem Blueprint aufgelistet.[28]

Symbolik

Neben der Leserichtung sind die verwendeten Symbole in einem Blueprint von essenzieller Bedeutung, um diesen zu verstehen. Eine Auswahl häufig verwendeter Zeichen wird in Abbildung 3 dargestellt.

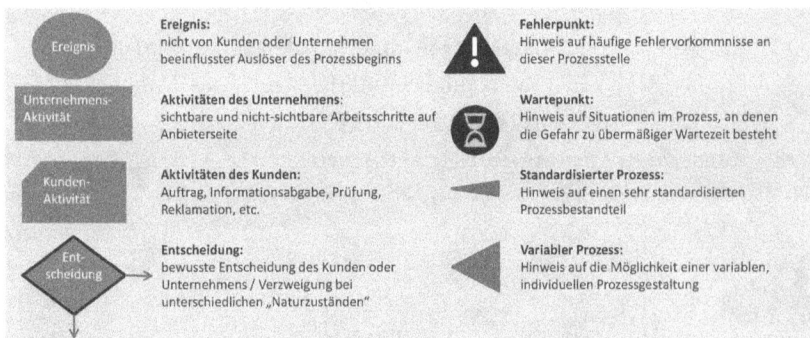

Abbildung 3: Symbole eines Blueprints
Quelle: Vgl. Biermann (1999), S.142; Meyer & Blümelhuber (1998), S. 926.

3.3 Erstellen eines Blueprints

Die Vorteile des Blueprintings kommen bereits beim Erstellen des Blueprints zum Tragen. So ist oftmals nicht die fertige Darstellung, sondern der Erstellungsprozess entscheidend für neue Erkenntnisse. Daher sollten möglichst alle an der Dienstleistungserstellung beteiligten Personengruppen beim Aufbau des Blueprints einbezogen werden. Dazu gehören v. a. Kunden, Mitarbeiter mit Kundenkontakt, interne Mitarbeiter ohne Kundenkontakt, die Führungsebene und sonstige Lieferanten und Dienstleister.

---

28   Vgl. Zeithaml, Bitner & Gremler (2009), S. 266; Lovelock & Wirtz (2010), S. 226 ff.

Auf diese Weise lassen sich einerseits die unterschiedlichen Perspektiven auf einen Prozess zusammenführen und vergleichen. Andererseits werden die Betroffenen durch die gemeinsame Erarbeitung des Blueprints zu Beteiligten, die die erzielten Ergebnisse eher akzeptieren.[29] Den Grundstein in Form eines ersten Blueprint-Entwurfs kann dafür auch eine Einzelperson legen, die mit dem zu visualisierenden Prozess vertraut ist.

Der Blueprint-Erstellungsprozess wird in die folgenden Schritte unterteilt:

- Festlegen des Dienstleistungsbereichs
- Identifizieren der Zielgruppe
- Darstellung des Ablaufs aus Kundensicht
- Hinzufügen der Mitarbeiter-Aktionen
- Hinzufügen interner Abstimmungen/Verträge (mit Kooperationspartnern)
- Hinzufügen wahrnehmbarer Merkmale und Integration weiterer Faktoren
- Fehler- und Wartepunkte hinzufügen
- Kundenkontaktpunkte identifizieren und beurteilen
- Maßnahmen aus Beurteilung entwickeln.

Die Schritte können in der Praxis je nach Absicht beim Erstellen eines Blueprints individuell gekürzt, erweitert oder untereinander getauscht werden.

---

29   Vgl. Hoeth & Schwarz (2002), S. 46 ff.; Zeithaml, Bitner & Gremler (2009), S. 271.

4 Blueprinting für Messegesellschaften

4.1 Relevanz der Blueprinting-Methode für Messegesellschaften

In der Literatur ist bisher kein Blueprint inklusive der bereits genannten Trenn-linien für die Dienstleistung oder speziell für den Dienstleistungsprozess „Messe" zu finden, der sich auf den Kundentyp „Aussteller" bezieht. Lediglich Bong-Seok Kim stellt die Dienstleistung „Messe" in einem Blueprint dar, benutzt dafür je-doch als einzige Trennlinie die line of visibility (Sichtbarkeitslinie) und bezieht sich auf den Kundentyp „Besucher".[30]

Da die Messeorganisation je nach Art und Größe der Veranstaltung und Mes-segesellschaft sehr unterschiedlich sein kann, würden auch die erstellten Blue-prints sehr unterschiedlich ausfallen. Aus diesem Grund ist die geringe Relevanz in der Literatur nachvollziehbar.

Anbetracht der scheinbar geringen Verbreitung der Blueprinting-Methode stellt sich die Frage, ob das Blueprinting für die Dienstleistung „Messe" nicht sinnvoll einsetzbar ist und deshalb nicht häufiger angewendet wird oder ob es schlicht eine relativ unbekannte Methode ist, deren Anwendung sich jedoch lohnt und verbreitet werden sollte. Nach Birkelbach erscheint das Blueprinting „[...] für eine interne Problemdeckung in Dienstleistungscentern besonders geeignet".[31]

4.2 Strukturieren des Dienstleistungsprozesses „Messe" durch Blueprinting

Blueprinting kann zur Strukturierung eines Dienstleistungsprozesses beitragen und wird nachfolgend auf eine verallgemeinerte Darstellung der Dienstleistung „Messe" übertragen.

---

30 Vgl. Kim (2003), S. 197 f.
31 Birkelbach (1993), S. 93.

4.2.1 Festlegen des Dienstleistungsbereiches

Am Anfang eines jeden Blueprints ist ein bestimmter Dienstleistungsbereich und dessen Systemgrenzen zu fixieren. Dabei ist Klarheit über die Anfangs- und Endereignisse zu schaffen.[32] Der Dienstleistungsprozess einer Messe wird dafür in zwei Akte unterteilt:

- Akt I: Messevorbereitung
- Akt II: Messeveranstaltung

Da die Blueprinting-Methode insbesondere die Kundensicht auf die Dienstleistung hervorheben soll, wird als prozesseinleitendes Ereignis das Erhalten der Akquise-Unterlagen angesehen. Zum Akt der Messevorbereitung gehören außerdem alle veranstaltungsvorbereitenden Tätigkeiten, die einen eher organisatorischen Charakter aufweisen. Die Tätigkeiten des zweiten Aktes weisen dagegen vorwiegend einen direkten Bezug zur Durchführung der Messe auf.

Als Endereignis wird im Sinne der Kundensicht die letzte Aktivität im zweiten Akt, das Verlassen des Messegeländes, verstanden.

4.2.2 Identifizieren der Zielgruppe

Nachdem der Dienstleistungsbereich mit Anfangs- und Endpunkten festgelegt wurde, ist eine Zielgruppe zu identifizieren. Hierbei kann zwischen der Zielgruppe der Dienstleistung und der Zielgruppe des Blueprints unterschieden werden.

Im Sinne des Beitrags ist hinsichtlich der Dienstleistungszielgruppe nur der Kundentyp Aussteller einzubeziehen. Da an dieser Stelle ein möglichst allgemeingültiger Blueprint entwickelt werden soll, bezieht sich der Dienstleistungsprozess weniger auf eine spezielle Messe. Für die Visualisierung des Dienstleistungsprozesses wird weiterhin davon ausgegangen, dass sich der Kunde vorbildlich in den Dienstleistungserstellungsprozess einbringt.

Bei der Bestimmung der Zielgruppe des Blueprints stellt sich die Frage, für und durch wen der Blueprint erstellt und genutzt wird.

---

32 Vgl. Hoeth & Schwarz (2002), S. 48; Zeithaml, Bitner & Gremler (2009), S. 271; Scheuer (2011), S. 47.

4.2.3 Darstellung des Ablaufs aus Kundensicht

Nachdem der Dienstleistungsbereich und die Zielgruppe für den Blueprint festgelegt wurden, folgt nun der dritte Schritt: der Dienstleistungsprozess „Messe" wird aus Ausstellersicht dargestellt. Dafür wird der Prozess anhand der vorhandenen Erfahrung des Autors fiktiv durchlaufen und alle Kundenaktivitäten werden anhand der beiden Akte chronologisch entlang der line of interaction in den Blueprint eingetragen.

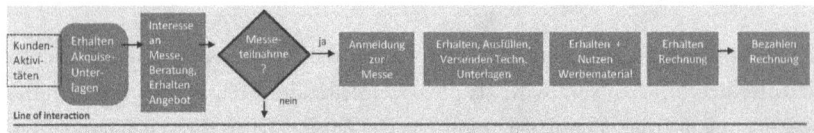

Abbildung 4: Kundenaktivitäten in der Messevorbereitung
Quelle: Eigene Darstellung.

Bei existierenden Prozessen kann es außerdem sinnvoll sein, den Dienstleistungsprozess aus Kundensicht unterstützend mit Fotos und/oder Videoaufnahmen darzustellen. Denn häufig haben Führungskräfte und andere Mitarbeiter, die nicht im direkten Kundenkontakt stehen, keine genaue Vorstellung von den Kundenerlebnissen während der Dienstleistungserstellung.[33]

Die Abläufe sollten generell zwar detailliert dargestellt werden, dennoch muss man sich auf die nötigen Entscheidungen und Ausnahmen beschränken, damit die Übersichtlichkeit nicht verloren geht.[34]

---

33 Vgl. Zeithaml, Bitner & Gremler (2009), S. 272.
34 Vgl. Hoeth & Schwarz (2002), S. 57.

4.2.4 Hinzufügen der Mitarbeiter-Aktionen

Anschließend werden dem Blueprint, der bisher nur aus den Ausstellerakti-vitäten besteht, die Aktionen der Messe-Mitarbeiter hinzugefügt. Den Anfang bilden die Einzeichnung der lines of interaction und visibility. Daraufhin können die Mitarbeiteraktionen den für die Aussteller sichtbaren Aktivitäten (Onstage) und nicht-sichtbaren Aktivitäten (Backstage) mit Hilfe von Richtungspfeilen zu-geordnet werden.

Zusätzlich zu den von Personen ausgeführten Tätigkeiten können Interaktio-nen mit technischen Geräten ebenfalls in den Blueprint aufgenommen werden. Beispiel: Zugang zur Messehalle durch ein elektronisch gesteuertes Drehkreuz.

4.2.5 Hinzufügen interner Abstimmungen/Verträge (mit Kooperationspartnern)

Im folgenden Schritt werden die Support-, Preparation- und Facility- Aktivi-täten hinzugefügt. Dazu können auch Verträge mit Kooperationspartnern zäh-len, die im Prozess der Leistungserstellung im Sinne des Dienstleistungsanbieters agieren. Im Fall einer Messegesellschaft können dies z. B. Messebau-, Catering-, Sicherheits- oder Reinigungsfirmen sein.

Die line of order penetration stellt gleichermaßen die Zeitachse für die über ihr liegenden Aktivitäten dar. Die Preparation- und Facility-Aktivitäten werden kundenunabhängig durchgeführt und sind den übrigen Aktivitäten zeitlich vor-gelagert. Ihre Anordnung in der Darstellung beinhaltet dessen ungeachtet keine chronologische Reihenfolge.

4.2.6 Hinzufügen wahrnehmbarer Merkmale und Integration weiterer Faktoren

Neben den Aktivitätsebenen wird dem Blueprint häufig eine zusätzliche Ebene „Physical Evidence" hinzugefügt. Auf dieser Ebene werden die wahrnehmbaren Merkmale im Dienstleistungsprozess den Aktivitäten zeitlich zugeordnet. Bei einer Begrüßung können dies bereits die Hand, das Äußere oder die Stimme des Gegenübers sein. Aufgrund der Immaterialität der Dienstleistung werden wahrnehmbare Merkmale häufig als Ersatzindikatoren herangezogen, um die Dienstleistung zu bewerten. Die wahrnehmbaren Merkmale gehören demzufolge zum Gesamtbild der angebotenen Dienstleistung und sollten in dem Blueprint aufgenommen werden.[35]

Neben der Ebene der Physical Evidence kann ein Blueprint vielseitig erweitert werden, z. B. durch die Integration eines Kostensystems oder die Integration eines Zeitmanagements.[36] Zum Erhalt der Übersichtlichkeit wurde darauf an dieser Stelle bewusst verzichtet.

---

35 Vgl. Scheuer (2011), S. 44.
36 Vgl. dazu den kompletten Diskussionsbeitrag von Fließ, Lasshof & Meckel (2004).

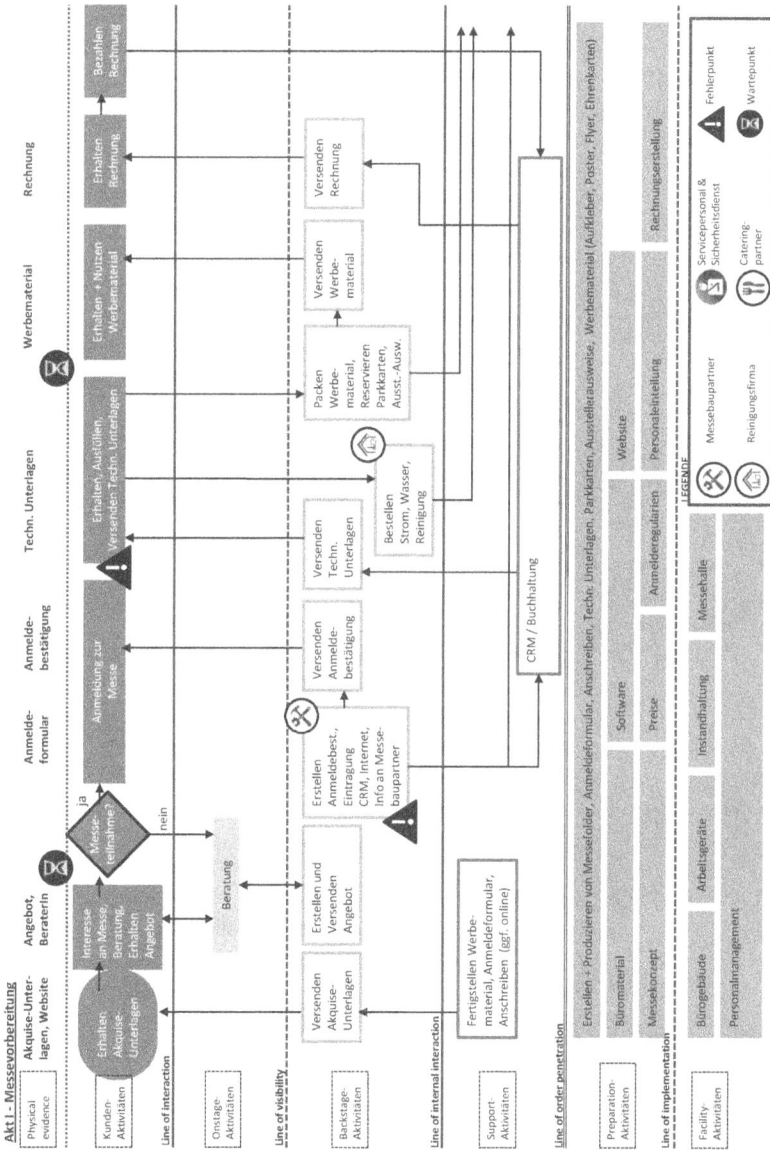

Abbildung 5: Blueprint des Akt I (Messevorbereitung)
inkl. weiterer Faktoren, Fehler- und Wartepunkten.   Quelle: Eigene Darstellung.

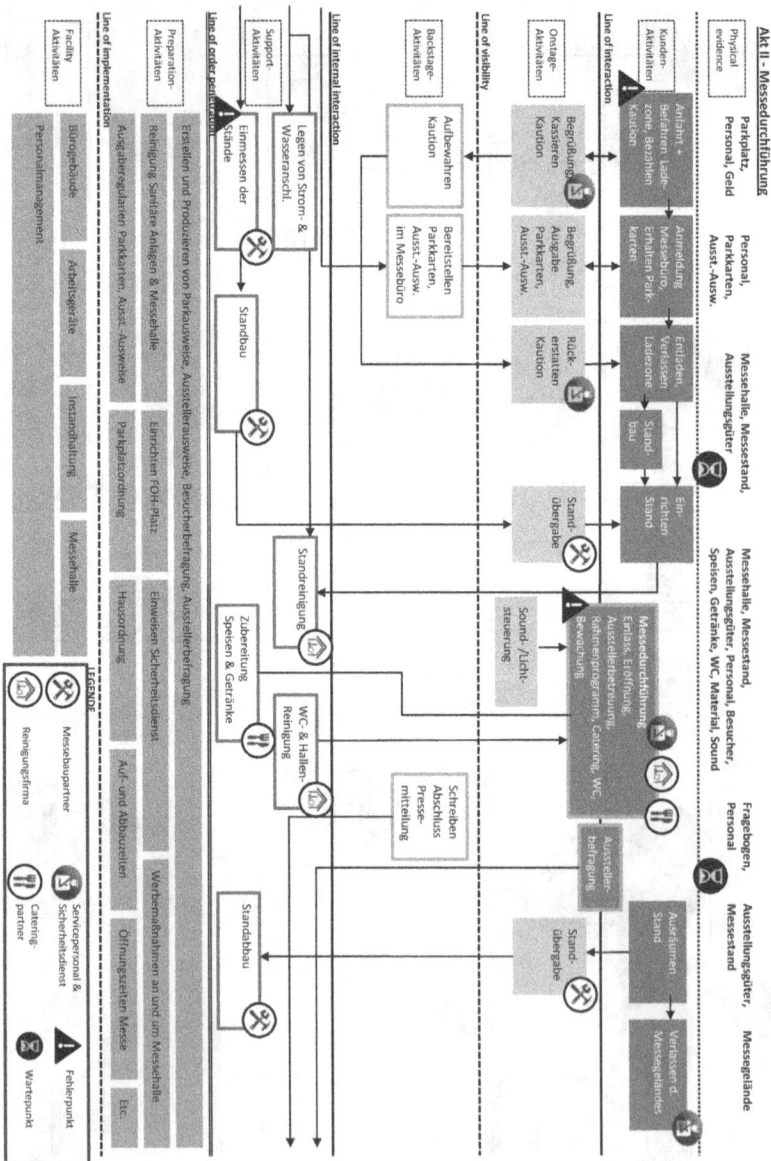

Abbildung 6: Blueprint des Akt II (Messeveranstaltung) inkl. Weiterer Faktoren, Fehler- und Wartepunkten.

Quelle: Eigene Darstellung.

4.3 Optimieren des Dienstleistungsprozesses „Messe" durch Blueprinting

4.3.1 Fehlerpunkte und Wartepunkte hinzufügen

Bereits bei der Erstellung des Blueprints werden häufig potenzielle Fehler und Probleme deutlich. Durch die Erfahrungen der Mitarbeiter und die Erlebnisse der Kunden werden bei gemeinsamer Erstellung Kenntnisse in ein Blueprint eingebracht, die häufige Fehlervorkommnisse und subjektiv unerträgliche Wartezeiten aufdecken können.[37]

Fehler können in jedem der Prozessschritte vorkommen. Gemäß der Besonderheit des Blueprints – die Betrachtung des Messeerstellungsprozesses aus Ausstellersicht – ist allerdings zu bestimmen, welche Fehler vom Aussteller am gravierendsten empfunden werden. Dies kann z. B. die fehlerhafte Eintragung ins Ausstellerverzeichnis durch die Messegesellschaft sein. Selbst Fehler auf Kundenseite, z. B. eine fehlerhafte Bestellung von Stromanschlüssen für den Messestand, können zu einem empfundenen Qualitätsverlust der Dienstleistung führen und sollten durch die Messegesellschaft vermieden bzw. korrigiert werden, z. B. mit Hilfe intensiver Beratung und detaillierter Anmeldebestätigungen. Fehlerpunkte werden am besten direkt an den entscheidenden Prozessschritten eingezeichnet, um die Bedeutsamkeit dieses Teilschrittes hervorzuheben.

Durch Fehler und Nachbesserungen können zum Teil auch lange Wartezeiten entstehen, die es zu vermeiden gilt. Im Gegensatz zu den Fehlerpunkten werden Wartepunkte besser grafisch übergeordnet in den Blueprint eingefügt, da es dem Kunden in der Regel unwichtig ist, aus welchem Grund er warten muss. Der Fokus wird also nicht auf eine bestimmte Aktivität gelegt, sondern auf einen Zeitrahmen während der Leistungserstellung. Auf diese Weise ist eine ganzheitlichere Betrachtung von Wartezeitenproblemen möglich, die mit Hilfe des Blueprints planerisch gelöst werden sollen.

Fehler- und Wartepunkte können am besten über Beobachten und Befragungen identifiziert werden. Eine nachträgliche Integration in einen Blueprint ist ebenfalls möglich.

---

37 Vgl. Hoeth & Schwarz (2002), S. 51.

4.3.2 Kundenkontaktpunkte feststellen und beurteilen

Die Kundenkontaktpunkte sind die „Augenblicke der Wahrheit" in der Dienstleistungserstellung und sind demnach auch besonders wichtig im Rahmen des Blueprinting. Direkte und indirekte Kontakte können dabei auf verschiedene Weisen, wie in Abbildung 7 dargestellt, in den Blueprint eingezeichnet werden. Wurden die Aktivitäten und Trennlinien sorgfältig in den Blueprint eingezeichnet, fällt eine Identifizierung der Kundenkontaktpunkte vergleichsweise leicht.

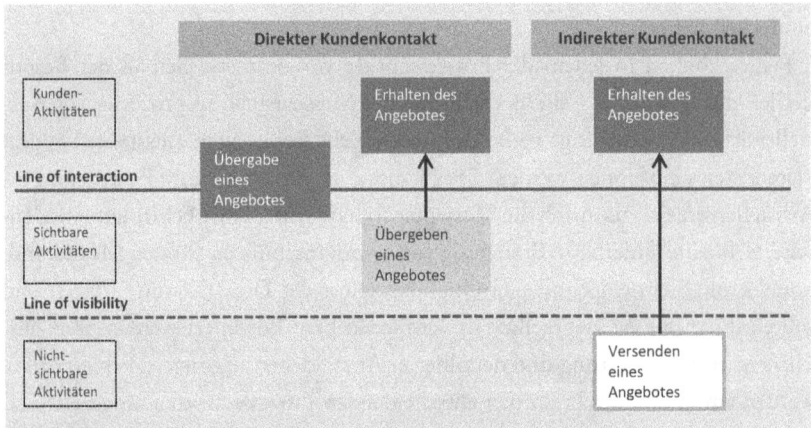

Abbildung 7: Darstellungsmöglichkeiten von Kundenkontaktpunkten
Quelle: Eigene Darstellung.

Das Beurteilen der Kundenkontaktpunkte gehört im erweiterten Sinne ebenfalls zum Erstellen eines Blueprints. Dabei sind alle identifizierten Kontaktpunkte auf die Wirkung beim Kunden hinsichtlich des Vertrauensaufbaus zu prüfen. Jeder Kundenkontakt sollte eine vertrauensbildende Maßnahme darstellen und keine Unsicherheiten beim Dienstleistungsnachfrager hervorrufen.[38]

Bei der Beurteilung sind möglichst auch die Kontaktpunkte zu prüfen, die nicht direkt im eigenen Einfluss der Messegesellschaft liegen. Dazu gehören z. B. auch die Kontaktpunkte zwischen Aussteller und Caterer, Reinigung oder Sicherheitsdienst. Im erweiterten Sinne gehören sogar Kontaktpunkte wie

---

38   Vgl. Scheuer (2011), S. 48.

beispielsweise zwischen Aussteller und Hotel oder öffentlichen Verkehrsmittel in die Betrachtung.

Fragen, die bei der Beurteilung der Kontaktpunkte helfen können:
*   Welche Mitarbeiter sind in Kontaktsituationen?
*   Wie sind die Kontaktpunkte gestaltet?
*   Gibt es Richtlinien für den Umgang mit Kunden in Kontaktsituationen?
*   Wie ist das Verhältnis von direkten zu indirekten Kontaktsituationen?
*   Welche Medien werden bei indirektem Kontakt gewählt?
*   Welche Kontaktpunkte können zusammengefasst oder ersetzt werden?
*   Sind weitere Kontaktpunkte notwendig?
*   Sind die vorhandenen Kontaktpunkte vertrauensbildend?
*   Welche sind die gewöhnlichen Kontaktpunkte?
*   Welche sind die kritischen Kontaktpunkte?

Hinsichtlich des Verhältnisses von direkten zu indirekten Kontaktsituationen ist festzustellen, dass während der Messevorbereitung fast ausschließlich indirekter Kontakt zwischen Kunde und Anbieter stattfindet. Insbesondere auf Kundenseite hängen Entscheidungen und Aktivitäten häufig von mehreren Faktoren und Personen ab. Daher ist die Wahl der indirekten Kommunikation per Dokumenten, Telefon und E-Mails durchaus sinnvoll. Auf diese Weise wird dem Aussteller mehr Zeit für Reaktionen gewährleistet und der Einbezug weiterer Personen muss nicht zeitgleich erfolgen, was bei direkter Kommunikation der Fall wäre. Durch den Verzicht auf direkte Kommunikation kommt den wahrnehmbaren Merkmalen gleichermaßen eine besondere Bedeutung zu.

Hinsichtlich der externen Dienstleister fällt anhand des Blueprints auf, dass das Servicepersonal und der Sicherheitsdienst vorrangig im sichtbaren Bereich des Kunden aktiv sind. Zudem erfolgt der erste direkte Kontakt mit dem Sicherheitspersonal in der Messeveranstaltungsphase, teilweise sogar der erste direkte Kontakt im gesamten Dienstleistungsprozess. Da der direkte Erstkontakt ein sehr wichtiger „Augenblick der Wahrheit" ist, sollte der Einweisung des dort eingesetzten Personals erhöhte Aufmerksamkeit beigemessen werden.[39]

Nachdem die Kundenkontaktpunkte erkannt und beurteilt wurden, erfolgt daraus im nächsten Schritt die Maßnahmenentwicklung.

4.3.3 Maßnahmen aus Beurteilung entwickeln

Es können in diesem Schritt zwei Arten von Maßnahmen unterschieden werden. Die einen beziehen sich auf Maßnahmen hinsichtlich der Gestaltung des Dienstleistungsprozesses. Die anderen gelten der Entwicklung und Gestaltung des Blueprints. Die Maßnahmen können dabei je nach Zielen der Messegesellschaft sehr unterschiedlich ausfallen und sind individuell zu entwickeln. Meist zielen sie jedoch darauf ab, die Dienstleistungsprozesse in ihrer Effektivität und Effizienz zu verbessern, denn durch einen Blueprint wird häufig aufgedeckt, dass der reale Dienstleistungsprozess unnötige Prozessschritte enthält oder zu kompliziert gestaltet ist. Derartige Probleme können, wie in Abbildung 8 dargestellt, durch Eliminierung oder Parallelisierung von Aktivitäten, durch Vermeidung von Rücksprüngen oder schlichte Vereinfachung der Prozessabläufe ausgebessert werden.[40]

Weiterhin sollten bei der Maßnahmenentwicklung zwingend die Fehler- und Wartepunkte einbezogen werden, denn im Grunde soll das Blueprinting dabei helfen, die Anzahl an Fehlervorkommnissen und die Gefahr auf erhöhte Wartezeiten zu reduzieren.

---

39 Scheuer (2011), S. 48.
40 Vgl. Kleinaltenkamp (2000), S. 16.

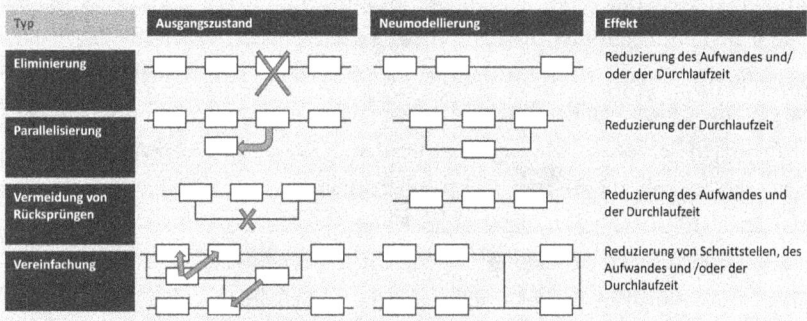

Abbildung 8: Effizienzsteigerung von Prozessschritten
Quelle: Kleinaltenkamp (2000), S. 17.

Wie zuvor festgestellt sollte den wahrnehmbaren Merkmalen eine besondere Aufmerksamkeit geschenkt werden. Die Überprüfung aller wahrnehmbaren Merkmale hinsichtlich der Vertrauensbildung kann daher als eine erste Maßnahme angesehen werden. In den direkten Kontaktsituationen sollte dem Aussteller außerdem stets die Möglichkeit angeboten werden, in direkten Kontakt zu treten und somit die Aktivitäten der Messegesellschaft vor die line of visibilty zu setzen. Dies sollte v. a. für den Prozessschritt „Beratung" und bei Neukunden, die noch nicht mit dem individuellen Dienstleistungsprozess der Messegesellschaft vertraut sind, angeboten werden.

Eine Möglichkeit, den aus Kundensicht störenden Wartezeiten entgegenzuwirken, ist das Integrieren von Servicegarantien. Beispielsweise kann eine Servicegarantie dafür vergeben werden, dass das Werbematerial dem Kunden spätestens drei Tage nach Eingang des ausgefüllten Bestellformulars geliefert wird. Gleichzeitig verpflichtet sich der Dienstleister durch den Einsatz von Servicegarantien, kundenorientierte Qualitätsstandards zu entwickeln und einzuhalten. Aus diesem Grund ist besonderer Wert darauf zu legen, Leistungsverpflichtungen einzuführen, die von den Mitarbeitern akzeptiert und erfüllt werden.[41]

Die Integration weiterer Faktoren wie Zeit, Kosten oder Zuständigkeiten wurden an dieser Stelle aus Gründen der Übersichtlichkeit ausgelassen. Daher ist

---

41   Vgl. Meffert & Bruhn (2009), S. 378.

hinsichtlich der Blueprint betreffenden Maßnahmen festzuhalten, dass weitere Detail-Blueprints auf den zunächst entwickelten Concept-Blueprint folgen sollten, um eine genauere Strukturierung vorzunehmen. Darin sollten zu den hier dargestellten Aktionen detailliertere Angaben gemacht werden, die an die jeweils betrachteten Prozessschritte angepasst werden. Es kann beispielsweise aufgenommen werden, wer auf Beschwerden reagiert oder welcher Mitarbeiter autorisiert dazu ist, den Ausstellern Rabatte zu gewähren.[42]

Die farbliche Unterscheidung der einzelnen Ebenen erleichtert die Orientierung in der Blueprint-Betrachtung und sollte beibehalten werden. Im Sinne der Prozessoptimierung können Lösungsansätze für die Fehler- und Wartepunkte direkt in den Blueprint aufgenommen werden. Die Ebenenstruktur des Blueprints ist bei jeglichen Maßnahmen möglichst beizubehalten, da so die Kundenperspektive auf den Prozess hervorgehoben wird.

Hinsichtlich der Vorgehensweise beim Erstellen eines Blueprints kann festgehalten werden, dass die Anfertigung eines sehr übersichtlichen Blueprints aufgrund der Vertrautheit des Erstellers mit dem Dienstleistungsprozess ausnahmsweise auch durch nur eine Person erfolgen kann. Für den Fall der weiteren Verwendung der Methode ist dem ungeachtet Folgendes zu erwähnen: „Erst die Vollständigkeit macht einen Blueprint richtig sinnvoll."[43] Dazu gehört auch die gemeinsame Erstellung mit allen an der Dienstleistungserstellung beteiligten Gruppen.

Um einen sehr detaillierten Blueprint aufzunehmen, ist darüber nachzudenken, ob die Methode nicht über die Dauer mindestens einer Veranstaltung inklusive Vor- und Nachbereitung in die Arbeitsweise integriert werden kann. Auch eine turnusmäßige Arbeit an dem Blueprint und somit an dem Dienstleistungsprozess ist denkbar. Das Einsetzen eines externen Moderators, der alle beteiligten Gruppen gleichermaßen in die Blueprint-Erstellung einbezieht, kann dabei sehr hilfreich sein.

---

42   Vgl. Palmer (2008), S. 99.
43   Meyer & Blümelhuber (1998), S. 927.

5   Fazit und Ausblick

Zentraler Gedanke der Blueprinting-Methode ist die Kundenorientierung. Im Rahmen der Dienstleistungsvisualisierung steht dabei die Kundensicht auf die an der Leistungserstellung beteiligten Aktivitäten im Vordergrund. Blueprints sind ein empfehlenswertes Darstellungsmittel, um sich den Ablauf einer Dienstleistung klarzumachen. Sie können viele nützliche Erkenntnisse dazu liefern, wie die Dienstleistungsdurchführung aus Kundensicht zufriedenstellend definiert werden kann.

Hauptanliegen dieses Beitrags war es, die allgemeingültige Vorgehensweise beim Erstellen eines Blueprints näher zu bestimmen und auf den Dienstleistungsprozess „Messe" anzuwenden. Es wurde deutlich, dass Blueprinting eine geeignete Methode zur Strukturierung und Optimierung von Dienstleistungen im Allgemeinen und für Messen im Speziellen ist.

Der im Laufe des Beitrags entwickelte Blueprint stellt einen sehr übersichtlichen ersten Entwurf des Dienstleistungsprozess „Messe" dar. Seine inhaltliche Aussagekraft ist aufgrund der Entwicklung durch nur eine Person und der Begrenzung auf diesen Beitrag relativiert zu betrachten. Immerhin brachten Albrecht und Zemke es beim Blueprinting der Aufgaben eines Bankkassierers bereits auf 36 DIN-A3-Seiten.[44] Für die intensive Nutzung des Blueprints zur Prozessoptimierung und -strukturierung ist dieser daher möglichst genau und in gemeinsamer Erarbeitung zu erweitern.

Der hier visualisierte Dienstleistungsprozess einer Messe kann als Anschauungsobjekt dazu dienen, die Methode individuell auf die eigenen Prozesse zu übertragen. Auch eine Verbindung mit anderen Management-Systemen ist möglich. Stauss stellt beispielsweise einen „Beschwerde-Blueprint" vor.[45]Nutzt man einen Blueprint gemeinsam mit den Kunden, kann er auch dafür eingesetzt werden, um Kunden zu erziehen bzw. für die Dienstleistung zu sensibilisieren.[46]

---

44   Vgl. Meyer & Blümelhuber (1998), S. 927.
45   Vgl. Stauss (1998), S. 1258 f.
46   Vgl. Shostack (1991), S. 150.

„Die Blueprint-Analyse zieht viel Arbeit nach sich. Aber sie lohnt sich [...]"[47] und kann nachhaltig zur Strukturierung und Optimierung der eigenen Dienstleistungsprozesse beitragen. Es ist daher wünschenswert, dass die Anwendung der Blueprinting-Methode von Messegesellschaften sowie anderen Dienstleistungsunternehmen mit dem Ziel der verstärkten Kundenorientierung in Betracht gezogen wird. Der Autor dieses Beitrags würde sich in diesem Zusammenhang gern weiterhin diesem Thema widmen und kann sich vorstellen, eine Blueprint-Erstellung mit den beteiligten Personengruppen einer Messegesellschaft in moderierender Funktion zu übernehmen.

---

47   Scheuer (2011), S. 49.

Literaturverzeichnis

A UMA (2011): Klassifizierung von Messen und Ausstellungen in Deutschland. In: http://www.auma.de/_pages/d/16_Download/download/Rechtsinformationen/AUMA-Klassifizierung-von-Messen-und-Ausstellungen-in-Deutschland.pdf. Zugriff am 25.07.2012.

AUMA (2012): Messen Deutschland: Entwicklung 2011. In: http://www.auma.de/_pages/d/01_Branchenkennzahlen/0101_InternationaleMessen/010106_Entwicklung.aspx?0. Zugriff am 19.08.2012.

Biermann, T. (1999): Dienstleistungs-Management, München, Wien.

Birkelbach, R. (1993): Qualitätsmanagement in Dienstleistungscentern – Konzeption und typenspezifische Ausgestaltung unter besonderer Berücksichtigung von Verkehrsflughäfen, Frankfurt a. M., New York.

Bosch, Manuela (2006): Messemarketing und Markenführung – Professionelles Management von Messemarken, Saarbrücken.

Chase, R. B. (1978): Where Does the Customer Fit in a Service Operation? In: Havard Business Review, issue november – december (56 (6)), S. 137-142.

Fließ, S. (2000): "Blueprinting" – durch Analyse von Dienstleistungsprozessen zum Erfolg. FernUniversität in Hagen. In: http://www.uniprotokolle.de/nachrichten/id/59987/. Zugriff am 18.07.2012.

Fließ, S. (2006): Prozessorganisation in Dienstleistungsunternehmen, Stuttgart.

Fließ, S. & Kleinaltenkamp, M. (2004): Blueprinting the service company – Managing service processes efficiently. In: Journal of Business Research (57), Athens, GA, S. 392-404.

Fließ, S., Lasshof, B. & Meckel, M. (2004): Möglichkeiten der Integration eines Zeitmanagements in das Blueprinting von Dienstleistungsprozessen, Diskussionsbeitrag Nr. 362, Hagen.

Fließ, S., Lasshof, B. & Willems, G. (2006): Qualitätsstandards im Dienstleistungsprozess. In: Bruhn, S. (Hrsg.): Dienstleistungscontrolling. Forum Dienstleistungsmanagement, 1. Aufl., Wiesbaden, S. 71-88.

Fließ, S., Möller, S. & Momma, S. B. (2003): "Sprachregelungen" für Mitarbeiter im Kundenkontakt – Möglichkeiten und Grenzen, Disskussionsbeitrag Nr. 334, Hagen.

Gaitanides, M. (1983): Prozessorganisation – Entwicklung, Ansätze und Programme prozessorientierter Organisationsgestaltung, München.

Gelbrich, K. (2009): Blueprinting, sequentielle Ereignismethode und Critical Incident Technique – Drei Methoden zur qualitativen Messung von Dienstleitungsqualität. In: Buber, R. & Holzmüller, H. (Hrsg.): Qualitative Marktforschung. Konzepte – Methoden – Analysen, Wiesbaden, S. 617-633.

Haller, S. (2010): Dienstleistungsmanagement – Grundlagen – Konzepte – Instrumente, 4. Aufl., Wiesbaden.

Hoeth, U. & Schwarz, W. (2002): Qualitätstechniken für die Dienstleistung – Die D7, 2. Aufl., München, Wien.

Huber, A. (1994): Wettbewerbsstrategien deutscher Messegesellschaften – Analysiert und entwickelt am Beispiel der Großmessegesellschaften, Frankfurt a. M., u. a.

Johnen, H. G. (o. J.): Kunde | www.zitate.de. code-x GmbH., http://www.zitate.de/kategorie/Kunde/. Zugriff am 19.08.2012.

Kim, B.-S. (2003): Management der Dienstleistungsqualität im Messewesen, Berlin.

Kingman-Brundage, J. (1989): The ABC's of Service System Blueprinting. In: Bitner, M. J. & Crosby, L. A. (Hrsg.): Designing a winning service strategy. 7th Annual Service Marketing Conference Proceedings, Chicago, Illinois, S. 30-33.

Kirchgeorg, M. (2003): Funktionen und Erscheinungsformen von Messen. In: Kirchgeorg, M. et al. (Hrsg.): Handbuch Messemanagement. Planung, Durchführung und Kontrolle von Messen, Kongressen und Events, Wiesbaden, S. 50-71.

Kleinaltenkamp, M. (2000): Blueprinting – Grundlage des Managements von Dienstleistungsunternehmen. In: Woratschek, H. (Hrsg.): Neue Aspekte des Dienstleistungsmarketing. Konzepte für Forschung und Praxis, Wiesbaden, S. 3-28.

Kreuter, Dirk (2010): Erfolgreich akquirieren auf Messen – In fünf Schritten zu neuen Kunden, 3. Aufl., Wiesbaden.

Lovelock, C. H. & Wirtz, J. (2010): Services marketing – People, Technology, Strategy, 7. Aufl., Boston u. a.

Meffert, H. & Bruhn, M. (2009): Dienstleistungsmarketing – Grundlagen – Konzepte – Methoden, 6. Aufl., Wiesbaden.

Meis, J., Menschner, P. & Leimeister, J. M. (2010): Modellierung von Dienstleistungen mittels Business Service Blueprinting Modeling. In: Thomas, O. & Nüttgens, M. (Hrsg.): Dienstleistungsmodellierung 2010. Interdisziplinäre Konzepte und Anwendungsszenarien, Berlin u. a., S. 39-64.

Meyer, A. & Blümelhuber, C. (1998): Dienstleistungs-Design: Zu Fragen des Designs von Leistungen, Leistungserstellungs-Konzepten und Dienstleistungs-Systemen. In: Meyer, A. (Hrsg.): Handbuch Dienstleistungs-Marketing (1), Stuttgart, S. 911-940.

Palmer, A. (2008): Principles of Services Marketing, 5. Aufl., Boston u. a.

Scheuer, T. (2011): Marketing für Dienstleister – Wie Sie unsichtbare Leistungen erfolgreich vermarkten, 2. Aufl., Wiesbaden.

Shostack, L. G. (1984): Designing Services that Deliver. In: Havard Business Review, issue january - february, (no. 84115), S. 133-139.

Stauss, B. (1998): Beschwerdemanagement. In: Meyer, A. (Hrsg.): Handbuch Dienstleistungs-Marketing (2), Stuttgart, S. 1255-1274.

Stauss, B. (1999): "Augenblicke der Wahrheit" in der Dienstleistungserstellung – Ihre Relevanz und ihre Messung mit Hilfe der Kontaktpunkt-Analyse. In: Bruhn, M. & Stauss, B. (Hrsg.): Dienstleistungsqualität. Konzepte – Methoden – Erfahrungen, 3. Aufl., Wiesbaden, S. 321-340.

Stauss, B. (2012): Wenn Thomas Mann Ihr Kunde wäre – Lektionen für Servicemanager, Wiesbaden.

Zeithaml, V. A., Bitner, M. J. & Gremler, D. D. (2009): Services marketing – Integrating Customer Focus Across the Firm, 5. Aufl., Boston u. a.

Zimmermann, D. (2006): Messe als Dienstleistung – Mehrwert für den Fachbesucher durch einzigartigen Service. o.O.

Die Autoren

Patrick Haag

Bachelor of Arts im Bereich Schwerpunkt Messe-, Kongress- und Eventmanagement; Master of Science im Bereich KMU- und Entrepreneurship Management mit Schwerpunkt Unternehmenskommunikation und Marketing. Er ist Autor mehrerer Fachbücher im Bereich Messen für KMU und Dozent an verschiedenen Hochschulen. Weiter blickt er auf langjährige Praxiserfahrung und zahlreiche Beratungs- und Agenturprojekte in der MICE-Branche zurück.

Tobias Hönig

Bachelor of Arts im Bereich BWL – Messe-, Kongress- und Eventmanagement an der DHBW Ravensburg in Kooperation mit der AFAG Messen und Ausstellungen GmbH in Nürnberg. MBA im Bereich Wirtschaftswissenschaften mit Schwerpunkt Business Management an der Friedrich-Alexander-Universität Erlangen-Nürnberg. Seit 2013 bis März 2017 als Project Manager bei der Spielwarenmesse eG in Nürnberg. Ab April 2017 selbständiger Unternehmer mit eVintos – WeinEvents & mehr Tobias Hönig. Finalist beim „Messe-Impuls-Preis 2013", ausgelobt vom Fachverband Messen und Ausstellungen (FAMA).

Elisabeth Gödde

Bachelor of Arts im Bereich BWL – Messe-, Kongress- und Eventmanagement an der Dualen Hochschule Baden-Württemberg Ravensburg in Kooperation mit der Messe Essen GmbH. Von Oktober 2012 bis September 2015 Referentin Veranstaltungsorganisation im Congress Center Essen, seit Oktober 2015 Referentin Vertrieb Messen bei der Messe Essen GmbH. Finalistin beim „Messe-Impuls-Preis 2013", ausgelobt vom Fachverband Messen und Ausstellungen (FAMA).

Klaus Riedel

Bachelor of Arts im Bereich BWL – Messe-, Kongress- und Eventmanagement an der Dualen Hochschule Baden-Württemberg Ravensburg in Kooperation mit der Rostocker Messe- und Stadthallengesellschaft mbH. Anschließend drei Jahre Projektleiter der JOBFACTORY – Größte Berufsorientierungsmesse in Mecklenburg-Vorpommern. Seit 2016 für Vertrieb und Messen bei WINGS-FERNSTUDIUM zuständig. Vorstandsmitglied im Deutschen Kubb-Bund e.V. und Veranstalter des Netzwerkformats 12min.me.

Isabell Maurer

Bachelor of Arts im Bereich BWL – Messe-, Kongress- und Eventmanagement an der Dualen Hochschule Baden-Württemberg Ravensburg in Kooperation mit der Messe Offenburg-Ortenau GmbH. Zuvor Ausbildung zur Medienkauffrau bei reiff medien, Offenburg. Seit 2013 Assistenz des Inhabers und Projektleiterin bei der Schneeweiss AG in Schmieheim.

Lisa Ruetz

Bachelor of Arts im Bereich BWL – Messe-, Kongress- und Eventmanagement an der Dualen Hochschule Baden-Württemberg Ravensburg in Kooperation mit der GHM Gesellschaft für Handwerksmessen mbH in München. Von 2012 bis 2015 war Lisa Ruetz als Projektleiterin bei einer Hamburger Agentur für Messe- und Ausstellungsdesign tätig und ist seit 2015 bei der Eppendorf AG als Exhibition Manager verantwortlich für die nationalen und internationalen Messeauftritte. Gewinnerin des „Messe-Impuls-Preis 2013", ausgelobt vom Fachverband Messen und Ausstellungen (FAMA).

www.ingramcontent.com/pod-product-compliance
Lightning Source LLC
Chambersburg PA
CBHW061241220326
41599CB00028B/5498